蝴蝶效應

BUTTERFLY
EFFECT

知微見著，影響我們生活的，
往往是從小事開始！

Change one thing, Change everything.

心理學碩士
志晶——著

目次

CHAPTER 01 蝴蝶效應

透過表像，看到事物的發展趨勢

蝴蝶效應：微小事物之下潛藏的未來引信　014
波特法則：獨特的定位，造就獨特的競爭優勢　020
投射效應：理性地看待周圍的人與事　025
飛輪效應：從優秀到卓越，源於足夠的堅持　029
翁格瑪麗效應：內外兼修，成就最好的自己　035

CHAPTER 02

艾森豪矩陣

事情有輕重緩急，優先去做最要緊的事

艾森豪矩陣：優先去做最緊要的事 042
費斯汀格法則：你的態度，決定你的高度 046
費斯諾定理：少說多聽的力量 052
迪斯忠告：當下的你，塑造著未來的你 056

CHAPTER 03

帕列托法則

那些支配事物發展的關鍵因素

帕列托法則：把握起主導作用的關鍵點 062
阿羅悖論：讓所有人滿意是不可能的 067

犯人船理論：好的制度，才能克制不好的人性 072
班尼斯第一定律：周全規畫，成就不平凡的事業 076

CHAPTER 04

沉沒成本效應

不願割捨的代價是失去更多

沉沒成本效應：讓無法挽回的事，成為不影響未來的過去 082
邊際遞減效應：相同的獎勵，會越來越沒價值 087
德尼摩定律：把合適的人放在合適的位置 090
史密斯原則：遇上沒有勝算的勁敵，就加入對方借力使力 095
杜嘉法則：「無聲」管理，讓人自發地跟隨 100

CHAPTER 05

鐘擺效應

找到自己面對世界的方式，不受他人擺弄

鐘擺效應：別讓他人左右你的情緒 106
相關定律：萬事萬物皆有關聯 110
皮爾斯定理：知道的前提，是意識到無知 115
杜利奧定理：駕馭生命，還是被命運駕馭 120
達維多夫定律：敢為人先，終能成就自我 124

CHAPTER 06

期望定律

貼什麼樣的標籤，就會形塑出什麼樣的人

期望定律：希望種子的神奇力量 130

開利公式：接受最壞的，追求最好的 136
改宗效應：傾聽反對者的聲音 141
路西法效應：全面而準確地認識他人 146
麥穗理論：不求最好，只求最適合 151

CHAPTER 07

骨牌效應

失敗或成功都是連鎖發生的

骨牌效應：牽一髮而動全身的連鎖反應 158
海勒法則：沒有監督，就沒有動力 163
刺蝟法則：保持距離，才更有美感 168
多看效應：要想別人記住你，就在人前多露臉 173

CHAPTER 08

權威效應

以理性的態度面對世界

權威效應：打破盲從的幻象 180

情感宣洩定律：優秀的人從來不會輸給情緒 185

權變理論：看問題不能只有一種角度 190

展望理論：先人一步的決斷力 195

半途效應：堅持到最後，才能笑到最後 200

CHAPTER 09

羅伯特定理

成功，從相信自己開始

羅伯特定理：除了你自己，沒人能夠打倒你 206

責任分散定律：重視合作，避免內耗 210
肥皂水效應：適當的讚美，讓人際關係更美好 216
青蛙法則：你的氣度，決定你的格局 221

CHAPTER 10

禁忌效應

找準自己的人生定位

禁忌效應：規範自己的角色，才能找準自己的位置 228
冷熱水效應：預設伏筆，為人際溝通加分 233
剛柔定律：過分執著，往往失之於偏執 237
韋奇定律：尊重內心深處的真正選擇 242
特裡法則：承認錯誤是一個人最大的力量源泉 246

CHAPTER 11

競爭優勢效應

既然競爭不可免，就找出合作之道

競爭優勢效應：讓有效溝通成為競爭中的潤滑劑 252
海格力斯效應：和諧的人際關係利他更利己 255
魯尼恩定律：謹言慎行，方能成為人生贏家 259
情緒定律：情緒，看不見的隱性能量 264

CHAPTER 01

蝴蝶效應

Butterfly Effect

透過表像，看到事物的發展趨勢

看似不起眼的小問題、小錯誤，
足以成為決定成敗的關鍵。
從初萌芽的徵兆中推測未來的發展、變化，
從容應對不可控卻對生活影響至深的事件。

蝴蝶效應

微小事物之下潛藏的未來引信

蝴蝶效應（Butterfly effect）意指一件表面上看似毫無關係、細瑣微小的事情，隨著時間和條件的改變，經過不斷放大，對其未來狀態造成的巨大改變。換句話說，事物發展的結果對初始條件具有極為敏感的依賴性，亦即，初始條件的極小偏差，會引發極大差異的結果。

這一效應源於美國氣象學家羅倫茲（Edward N. Lorenz）於一九六〇年代的發現。在其論文「混沌理論」（*Chaos Theory*）和「決定性的非週期流」（*Deterministic Nonperiodic Flow*）中，羅倫茲對蝴蝶效應做出下面描述：

一九六一年的某個冬日，我在皇家麥克比型（Royal McBee LGP-30）電腦上進行關於天氣預報的計算。為了考察一個很長的序列，我走了一條捷徑，沒有令電腦從頭運行，而是從中途開始。我把上次的輸出結果直接打入作為計算的初值，不過由於一時不慎，無意間省略了小數點後六位的零頭。然後，我穿過大廳，下樓去喝咖啡。

結果，我一小時後回來時，電腦上發生了出乎意料的事。我發現，天氣變化同上一次的模式迅速偏離，在短時間內，相似性完全消失了。進一步的計算表明，輸入的細微差異可能很快成為輸出的巨大差別。這種現象被稱為對初始條件的敏感依賴性。在氣象預報中，我把這種情況稱為「蝴蝶效應」。

這一效應說明，事物在發展過程中既有發展規律可循，同時亦存在著不可預測的「變數」。從心理學角度來看，生活中的微小偏差是在所難免，如同打撞球、下棋或其他活動，都存在「差之毫釐，失之千里」或「一招不慎，滿盤皆輸」的現象——每個人似乎都井然有序地按照各自的軌跡生活，然而，不經意之間，往往會因為一個細微的變化，而大幅扭轉了一生的命運。

一四八五年，英王理查三世與蘭開斯特家族的首領——亨利．都鐸（Henry Tudor）在波斯沃斯展開決戰。這次戰役將決定英國王位最終花落誰家。戰前，馬夫要為理查三世準備馬蹄釘。不過，由於鐵匠連日來一直忙於為軍馬釘馬蹄，導致鐵片用盡。怎麼辦呢？鐵匠請求說，可否等一下，自己馬上去取鐵片。可是，馬夫卻等不及了，他不耐煩地催促：「國王要打頭陣，等不及了！」

無奈之下，鐵匠不得不找來一根鐵條，將其截為四份、加工成馬蹄。當釘完第三個馬蹄時，鐵匠又發現釘子不夠了，但性急的馬夫生氣地說：「上帝啊，我都聽見軍號了，等不及啦！」

鐵匠說：「你可要知道，少一顆釘子會讓馬蹄很不牢靠。」

「那也沒辦法，再不走，國王會降罪於我。」語畢，馬夫急忙牽著馬匹遠走而去。

戰鬥開始後，查理三世一馬當先，率軍衝鋒陷陣。然而，就在戰爭進行得如火如荼時，他的坐騎突然「馬失前蹄」，向前一撲，國王隨即栽倒在地，驚恐的戰馬脫韁而去。結果，國王的意外受傷導致軍隊士氣大落，紛紛調頭逃竄，潰不成軍。亨利的軍隊團團圍住受傷的國王。絕望中，查理三世揮劍長歎：「上帝，我的國家就毀在這匹馬上！」

查理三世只因為第四個馬蹄少了一顆釘子，一個看似如此無足輕重的問題，而招致一場徹底的潰敗。這正是蝴蝶效應的絕佳證明。

後來，民間流傳的歌謠也道出了蝴蝶效應的巨大影響力：

少了一顆鐵釘，掉了一隻馬蹄。
掉了一隻馬蹄，失去一匹戰馬。
失去一匹戰馬，敗了一場戰役。
敗了一場戰役，毀了一個王朝。

同理，一個微小的錯誤也會招致巨大災難，形成全球性的恐慌。

二〇〇三年，美國發現一宗疑似狂牛症的案例，讓剛剛恢復經濟景氣的美國遭受了一場破壞性很強的「颶風」襲擊。而煽動「蝴蝶翅膀」的，正是那頭倒楣的「狂牛」。導致總產值高達一千七百五十億美元的美國牛肉產業和一百四十萬個工作職位首當其衝，而作為養牛業主要飼料來源的美國玉米和大豆農產業也受到波及，期貨價格呈現下滑趨勢。但最終還是美國消費者失去對牛肉產品的信心，極大化了「狂牛症颶風」的影響。

在全球化時代，這種恐慌情緒不僅造成美國國內餐飲業的蕭條，甚至波及到世界各地，至少有十一個國家緊急宣布禁止美國牛肉進口，連遠在大西洋彼岸的居民都對西餐敬而遠之。

這些事例說明，那些看似不起眼的小問題、小錯誤，足以成為決定成敗的關鍵。不論是職場工作或日常生活中，都可汲取蝴蝶效應帶來的啟示：無論做人亦或做事，都要注重細節，練就一雙善於把握事物變化軌跡的慧眼，學會透過現象看到本質。

與此同時，也要從身邊的人事物，以及各種資訊中，捕捉、提煉出有效資訊，從初萌芽的徵兆中推測未來的發展、變化，從容應對不可控卻對生活影響至深的事件。

波特法則

獨特的定位，造就獨特的競爭優勢

波特法則是由美國哈佛商學院教授、經濟學博士的麥可・波特（Michael Porter）所提出。法則內容主要在講，最有效的防禦，是從根本上阻止競爭發生。而這項法則在經濟管理學領域也被稱為「競爭策略」（Competitive Strategy），意即唯有具備獨特的定位，才能獲得獨特的成功，進而阻止競爭發生。

如何理解這一法則呢？讓我們先來看一個案例。

在美國，汽車租賃業務早已盛行多年，投入的公司也相當多。美國的企業租車公司（Enterprise Rent-A-Car）在業內中頗有名氣。然而，你會發現一個很奇怪的現象：當你身處美國隨處可見、具有一定規模的機場租車區時，你能找到AVIS安維斯、赫茲等大型租車公司的櫃檯，也可以找到許多小型租車公司，唯獨看不到企業租車公司的櫃檯。但事實上，這家公司反而比其他更有名氣的競爭對手賺得更多利潤，而且連租金都比對手低三〇%左右。

為什麼呢？原因就在於其獨特的定位策略。

不同於其他租車公司將客戶定位為中高端旅行者，企業租車公司將自己的服務對象設定為那些還沒能力購車的人。對這種客戶來說，租金就是首要考量。除此之外，他們也會考慮保險公司是否理賠的問題。

為此，企業租車公司刻意裁減了各種可能增加成本、客戶不願意付費的專案，只為了降低客戶的租金費用。為此，他們從不將店面設在租金昂貴的機場內，極少做宣傳廣告，而是靠保險評估員和汽車修理店推銷給客戶。其結果就是企業租車公司的客戶付費較少，而公司則省下了大筆廣告、人工和店面等開支，儘管收費低廉，卻因客戶數量龐大，以及業內口碑良好，而創造了大量利潤。

這個案例說明了，即便經營範圍相同，只要為自己選定獨特的定位，就能走出一條與眾不同的道路，成就獨特的自己，獲得獨特的成功。企業和個人莫不如此。

日本軟銀集團總裁孫正義同樣是一個「不走尋常路」的人，他由於獨特的個人定位，而接連創造出一個又一個奇跡，寫下自己的傳奇人生。

孫正義十九歲時，就為自己確立了人生目標——成為作出一番大事業的人。為了實現這份理想，他努力不懈的嘗試，做出深遠的思考和籌畫。

在他尚未踏入社會前，就在頭腦中勾畫了四十家公司的雛形，不過最終沒能選擇要進入哪一行。一九七九年前後，孫正義前往美國加州大學柏克萊分校讀書。彼時的他還是個窮學生，但為了娶到心儀的女性，他知道自己必須賺錢。

幾經思考，他覺得不能只靠家裡的錢生活，那樣不僅養活不了自己，更娶不了心愛的女孩。他對職業的定位是，一天只工作五分鐘，一個月賺一百多萬日元。

這種想法簡直是異想天開！他也為此遭到朋友嘲笑。對一名亞裔留學生來說，頂多能找到在餐館洗盤子、掃街之類的體力活，怎麼可能找到一份「日進斗金」的工作呢？

但與眾不同的孫正義想到，儘管自己不擅長體力勞動，但靠腦力卻有可能實現目標。於是，某一天他突然靈機一動，想到可利用自身所學，做出一些創意點子並申請專利，然後靠販賣專利賺錢。

孫正義從小就很熱中於發明創造，卻從未接觸過發明專利。但當他確定這項賺錢之道後，就著手研究什麼樣的發明足以申請專利，以及專利所需的技術含量。他規定自己：一天要想出一個創意發明，並且在本子上用英語記錄下來。日積月累之下，他居然寫出了二百五十多個發明項目。其中一項就是迷你翻譯機。

他雇用一名教授為他製造了樣機，並以此來申請專利，再以一百萬美元賣給了夏普（Sharp）公司。夏普至今仍將這項發明的相關技術，應用於旗下的

Wizard 系列翻譯機上。就這樣，孫正義借助獨特的個人定位，開啟了最初的事業。

孫正義的經歷再次說明，防止完全競爭最為有效的途徑之一，就是要從根本上阻止競爭發生。要做到這一點，就必須對自己的人生和產品有獨特的定位。當這種定位中加入了策略規畫，就可能具備持續下去的力量。

誠如麥可．波特所言：「不要把競爭僅僅看作是爭奪行業的第一名，完美的競爭策略是創造出企業的獨特性——使其在業內無法被複製。」所以，面對變幻莫測、激烈競爭和壟斷並存的市場，為了使自己或事業立於不敗之地，一定要找到自己最擅長的獨特之處，打造成獨特的優勢，形塑出獨一無二的品牌或定位。

投射效應

理性地看待周圍的人與事

心理學認為，假如一個人無緣無故地討厭另一個人，那是因為對方身上有和自己一樣的特質。而你在潛意識中，認為那種特質是「不好的」。但是，承認自己「不好」的想法太過痛苦，而讓這個想法被「自我」所壓制，採取將「不好的」投射到他人身上，以懷疑或者臆測的方式來緩解這種焦慮。

通過這種心理操作，人們將自身討厭的部分抹去，從而保持「我夠好了」的自我感受。而且，還可以借助抨擊他人，讓內心獲得一種優越感。這種將自身感情、意志和特性強加於他人的認知傾向，就是投射效應（Projection effect）。

這個說法源自於一項以大學生為對象的心理學實驗。心理學家邀請了一些參與實驗的大學生，將其分為兩組。其中一組學生要看令人心情愉快的喜劇電影；另一組則播放令人心生不快的恐怖電影。之後，他讓兩組學生看同一組照片，請他們判斷上面的人物表情。結果，觀看喜劇片的大學生判斷照片上的人心情愉快，而觀看恐怖片的大學生判斷照片上的人心情緊張。

實驗證明了，大部分受試的學生會把自己的情緒反應在照片中的人物上，因此才會造成兩組學生得出截然不同的觀感。

投射效應在日常生活中隨處可見。日本作家東野圭吾在小說《惡意》中，便講述了一個令人不寒而慄的故事：

暢銷書作家日高邦彥在家中被殺，殺人兇手卻是他同樣身為作家的同窗好友野野口修。而野野口修之所以殺害好友，原因僅僅是看對方不爽。諸如此類的現象在生活中並不少見，比如，有的人你明明與之初次接觸，卻莫名其妙地討厭對方，對方的一舉一動都讓你反感。實際上，與其說讓你感到不舒服的是這個人，倒不如說是這個人身上的某種特質喚起了你不舒服的感覺。這種現象即可視為投射效應。

心理學研究發現，人們平日總會不自覺地把自己的心理特徵，如經歷、好惡、欲望、觀念、情緒、個性等強加於他人身上，認為別人應該跟自己有同樣的看法，並試圖讓他人接受自己的想法，結果往往事與願違。

這種投射效應導致我們與人相處時，往往不能正確地衡量別人，也不能有效地向他人施加影響，進而出現所謂「以小人之心，度君子之腹」的現象。因此，在人際交往中，如果不能克服這點，就會在認識和評價他人時，做出失真的判斷。為此，在與人的往來互動中，保持理性和審慎顯得很有必要，並且盡量避免以己度人，帶入投射效應的負面影響。

一九六四年，剛從海軍學院畢業的吉米・卡特（Jimmy Carter）奉命向海軍上將海曼・李高佛報告。當上將要他談談自己的經歷時，卡特為了博得好印象，自豪地提起自己在海軍學院的成績，說自己在全校八百二十名畢業生中名列五十八名。原以為上將一定會對他刮目相看，不料，將軍不僅未給予任何讚賞，還反問：「你有用盡全力嗎？為什麼不是第一名？」

這一問讓卡特啞口無言。不過，從此之後，卡特在與人交往時，學會了不再主觀臆斷他人的想法。而這種理性的習慣，也讓他其後競選美國第三十九任總統時獲益匪淺。

飛輪效應

從優秀到卓越，源於足夠的堅持

飛輪效應（Flywheel effect）意指為了使靜止的飛輪轉動起來，一開始必須用很大的力氣，一圈一圈反復地推。每轉一圈都很費力，但每一圈的努力都不會白費，飛輪最終會轉動得越來越快。當達到一定速度後，飛輪的動力會很大，甚至創造出更大的衝力。走到這種地步，飛輪不必花費太多力氣，便能克服較大的阻力，持續轉動。

這一效應告訴我們，萬事起頭難，每件事情在一開始，都必須付出艱鉅的努力。如此才能使自己的事業之輪轉動起來，而一旦事業走上平穩發展的快車道之後，一切都會好起來。

同理，當一個人或一家公司在進入某個陌生的新領域時，也會經歷飛輪效應的過程。想讓飛輪轉動起來，固然要花費一番力氣，不過只要有足夠的堅持，所付出那些時間、精力、心血、努力遲早會發揮作用，使後續的運轉越來越順暢。

二〇一七年《富比士》（*Forbes*）發布的「全球最具價值品牌排行」中，亞馬遜（Amazon）是全球市值第五名的公司。這項結果可說是得益於其創辦人——貝佐斯（Jeff Bezos）一路走來的不變商業理念：飛輪效應。

貝佐斯在一次採訪中，將世界上的公司分為傳教士（missionary）和傭兵（mercenary）兩種。前者對自己的產品充滿虔誠之心；後者唯銷售額、利潤等指標為重。而貝佐斯認為，亞馬遜屬於前者，其經營核心就是服務消費者。因此，縱觀亞馬遜的發展史，無論是最早的線上零售、最早發掘的雲端運算服務（AWS），亦或研發無人機快遞、民用火箭等，均體現出了亞馬遜的企業發展核心理念——服務消費者。

為了讓亞馬遜這一飛輪得以快速旋轉，直至最後可以輕鬆旋轉，亞馬遜採取了一系列措施。

首先是推出Prime會員服務。雖然這項服務的年費在二〇一八年時由九十九美元調整為一百一十九美元，卻不減使用者的忠誠度。根據貝佐斯近期給股東的信中表示訂閱會員的數量全球已高達二億人，美國本土則為一·四七億（二〇二一年三月為止）。這一數字代表什麼？即在美國，這個總人口約三·二億的國家，平均每二個人中，就有一個是亞馬遜的會員。

同時，根據CIRP（國際生產工程科學院）的研究顯示，有亞馬遜會員資格的消費者在購物時，會有八〇％以上的可能性選擇亞馬遜，而非其他電商平臺——這也是會員忠誠度的體現。

再者是亞馬遜集市（Amazon Marketplace），這也是該公司的三大業務之一。其目的是讓廠商在亞馬遜的平台上開店販售自家產品。亞馬遜的高層很清楚，自身的服務終究有限，倘若讓大量的協力廠商進駐，就能大幅提高消費者的選擇，加深消費者的忠誠度。

當亞馬遜的商家越來越多時，亞馬遜對上游供應商的議價能力也得以增強，進一步降低會員在亞馬遜平台購買的價格、賺得更多利益，吸引更多使用者購買Prime服務。

接著是簡稱FBA（Fulfillment By Amazon）的專業物流服務。這是亞馬遜為了讓協力廠商降低成本而提供的服務。廠商可將自家的貨物寄存於亞馬遜的物流中心，等用戶下單後，由亞馬遜承擔配送任務，而廠商僅需交納一筆服務費即可。

亞馬遜配送擁有他家物流無法相比的價格和服務，因而必然吸引更多的商家選擇FBA服務，進一步拓寬Prime服務的價值，因為只有Prime用戶才有享受亞馬遜配送服務的特權。

最後，當亞馬遜擁有夠多的配送貨物時，其固定成本就會被更多的商品攤銷，從而降低成本。此時，亞馬遜的第三大業務——雲端運算服務就會發生作用，為協力廠商提供服務，讓他們將自己的IT系統放上來。如此，協力廠商也成為亞馬遜這個飛輪上的重要齒輪，幫助飛輪加快轉動。

借助於多方經營措施，亞馬遜至今仍透過不斷創新加速齒輪轉動，使核心業務得以輕鬆地持續營運。

細細看來，亞馬遜的「企業飛輪」之所以能不停轉動，甚至如今得以輕鬆轉動的原因，就在於一直保持經營初衷，即一切以服務消費者為核心。這一點可以從亞馬遜每年的股東信中看到。我們能從這些信中發現，每一年的股東信結束後，均會附上一九九七年的最初股東信。而早期的股東信甚至會直接引用一九九七年的內容。

換言之，無論時代如何變化，亞馬遜始終保持著經營初心。而這是需要時間和精力的，正因為亞馬遜做到了，而成就了今天堪稱奇跡的發展歷程。這個案例提醒我們，不管是企業或個人，在進行發展計畫時，最重要的是保持良好心態，通過不斷地努力與調整來接近目標。

實際上，從優秀的公司到偉大的公司，從平凡個人到成功人士的轉變過程中，根本沒有什麼「特異功能」。或者，可以說，成功的唯一道路就是清晰的思路、堅定的行動，排除一切干擾把精力集中在最重要的事情上，全力以赴去實現目標。

翁格瑪麗效應

內外兼修，成就最好的自己

翁格瑪麗效應意指藉由對良性的心理暗示，如「你很厲害」、「你能做得更好」、「你有很多可挖掘的潛力」等，來讓人認識自我、激發潛力、增強信心。

這一心理效應源於一個故事：

翁格瑪麗是一個相貌平平的女孩子。由於太過看重自己的容貌，她變得很沒自信，心裡總是懷著強烈的自卑感。當她的家人和朋友發現了這個問題後，紛紛伸出援手，幫助她樹立信心。

比如在家中，父母和家人經常誇讚她，每當她做了一件事時，家人就給予肯定和表揚。她的好朋友也常常鼓勵、讚美說：「妳真美」。慢慢地，翁格瑪麗對自己產生了信心，每天照鏡子的時候，她都覺得自己越來越漂亮了。於是，她也在心裡對自己說：「其實妳很漂亮。」結果，翁格瑪麗果真越變越美了。

翁格瑪麗效應作為心理學上一個重要的名詞，說明了鼓勵之於人的強大的心理暗示作用。這一心理效應在日常生活和工作中，可以讓我們用於鼓勵他人，也可以用於自我鼓勵，從而激發自己或他人的自信心和上進心，以更快地適應工作或生活需求。而過程中，未受表揚的人也同樣會收到心理暗示——只要努力，屬於自己的機會一樣會降臨。

盧英德（Indra Nooyi）是一位來自印度偏遠小城的女子，經過二十八年的奮鬥，最終成為百事可樂的執行長（於二〇一八年退休），登上自身的事業巔峰。作為一個連續四年蟬聯美國《財富》雜誌評選的「美國商界最有權勢的50位女性」榜首的成功者，她談到自己的成功祕訣時，最重要的體會就是，將苦難當作上天送來的厚禮，不斷激勵自己，相信自己辦得到。而在逆境中經歷的那些挫折與磨練，都會成為一個人成功路上的奠基石。

當年，盧英德從印度管理學院一畢業，就拿到了美國耶魯大學的錄取通知書。然而，當她興沖沖地跑回家，想與家人分享這份喜悅時，卻遭到迎頭痛擊——家人早已為她安排好了一門親事，她一畢業就得與一名陌生男子結婚。

面對大多數印度女子都逃不過的命運，盧英德不甘心。她告訴自己，要將命運握在自己的手裡，自己一定能改變命運。在幾度抗爭無效後，她選擇離家出走、遠渡重洋。然而，當她懷揣五百美元，歷經波折到達美國後，卻發現自己連房子也租不起，更遑論繳納學費了……失去信心的她不斷地自我鼓勵「再堅持一下，再一下就好」。短暫的沮喪過後，盧英德振作精神，開始四處尋找打工的機會，賺取生活費和學費。

當她發現在飯店刷洗一天油膩盤子所賺的錢連交房租都不夠時，她告訴自己「苦難不算什麼，一切都會過去。」當她面對待遇雖然優厚，服務對象卻是一位刁鑽古怪、暴力難忍且癱瘓在床的腦出血病人時，她撫平傷痛，激勵自己「我可以成為最好的。」當她滿懷委屈，淚流滿面，拖著疲累的身體，走在寒風刺骨的街上時，她告訴自己「一切的付出最終會有收穫，我一定辦得到……」

歷經種種難以言說的苦難後，她終於從耶魯大學畢業了。然而，社會又給了她一次又一次的無情打擊：因為是印度人，她無數次在面試時被無端地刁難；由於沒有好看的實習經驗，雖然畢業自名校仍遭到大公司的拒絕；畢業大半年了，當同學們紛紛進入大公司工作，她卻遲遲沒有著落，甚至還欠了兩個月的房租，而收到房東的最後通牒……。

面對這一切，盧英德都告訴自己——「我可以」，並放低身段，從小公司的雜工做起，一做就是五年。然而，這五年中，她學會了如何從容地應對危機，學會了如何巧妙地應付刁鑽的客戶，甚至精通財務會計知識。最終，她憑藉著豐富的學識和經驗，成為一名出色的專業經理人。

再後來，她成了百事可樂公司董事長兼執行長首席策略長，帶領百事可樂迎頭趕上可口可樂公司，成為世界前五百強企業，其後更晉升為百事可樂的最高執行長。

正如盧英德所說：「苦難不可怕，可怕的是在苦難面前失去信心，一味地退縮。結果就是成功會離你越來越遠。」面對苦難時，不妨嘗試著應用翁格瑪麗效應，懷著頑強的意志、堅定的信念來與挫折、苦難搏鬥，這樣的你，一定會成為人人羨慕的成功者。

本章總複習

- **蝴蝶效應**：看似不起眼的小問題、小錯誤，足以成為決定成敗的關鍵。
- **波特法則**：一定要找到自己最擅長的獨特之處，打造成獨特的優勢，形塑出獨一無二的品牌或定位。
- **投射效應**：在與人往來互動中，盡量避免以己度人，帶入投射效應的負面影響。
- **飛輪效應**：萬事起頭難，每件事情在一開始，都必須付出艱鉅的努力。
- **翁格瑪麗效應**：面對苦難時，懷著頑強的意志、堅定的信念與挫折、苦難搏鬥，一定會得到你想要的。

CHAPTER 02

艾森豪矩陣

Eisenhower Matrix

事情有輕重緩急，優先去做最要緊的事

如果你將自己的時間列為第一優先，
先去做最緊要的事，
那麼，你就大大增加了成功的機率。

艾森豪矩陣

優先去做最緊要的事

艾森豪矩陣（Eisenhower matrix），又稱四象限法則，是指處理事情應分清主次，確定優先排序，以此來決定交易或處理的先後順序。這一法則是由傳奇將領、美國第三十四任總統（任期一九五三～六一年）艾森豪將軍所提出的。

第二次世界大戰期間，艾森豪一人身兼數職，為了應付繁雜的事務、迅速處理完畢，他發明了著名的四象限法則，後來也被稱為「十」字時間計畫。亦即，將手邊要處理的事務排入四個象限：重要且緊急、重要但不緊急、不重要但緊急、不重要又不緊急。

然後，根據「要事第一」的原則，處理方式如下：重要且緊急的，最優先處理；重要但不緊急的，可以暫緩完成，但要得到足夠的重視；不重要但緊急的，要儘快處理，可以安排他人來做；不重要又不緊急的，可以推遲或委派他人處理，甚至不做。通過這種高效模式，他得以有條理地安排手邊的事務，大幅度提高工作效率。

唯有將事情分出主次輕重，才能合理地處理事情，從紛繁複雜中理出線索、分清重點、洞察先機。

日常生活中，我們經常可以看到忙得團團轉的人。他們似乎都承擔著處理不完的事情，而當別人詢問到底在忙什麼時，他們卻無法給出明確的答案。其實，導致他們忙得不可開交的原因，就在於做事時欠缺條理性，分不清事情的輕重緩急。東忙一點西忙一點的結果，就是一件事都做不好，既浪費時間和精力，還不見成效。

從前，古希臘哲學家蘇格拉底為學生上課時，在桌子上放了一個水罐，然後又從桌子下面拿出一些正好可以投入罐口的鵝卵石。當蘇格拉底投完所有石塊後，詢問學生：「你們說這罐子是不是滿的？」「是！」所有學生同聲回答。

「真的嗎？」蘇格拉底笑著問。然後，又從桌底下拿出一袋碎石子倒入罐內，搖一搖後又加了一些，直至罐子裝下為止。隨後，他再次發問：「你們說，這罐子現在是不是滿的？」這次，學生們不敢答得太快。最後，有位學生小聲答道：「也許沒滿。」

「很好！」蘇格拉底說完後，又從桌下拿出一袋沙子，慢慢地倒進罐內。倒完後，他問學生：「現在，你們再告訴我，這個罐子是滿的呢，還是沒滿？」「沒有滿。」學生們這下學乖了，信心滿滿地回答。

「好極了！」蘇格拉底再一次稱讚這些「乖乖聽話」的學生。稱讚完後，他從桌底下拿出一大瓶水，把水倒在看起來已經被鵝卵石、碎石子、沙子填滿了的水罐。當這些事都做完之後，蘇格拉底正色問學生：「我們從這些事情可以得到哪些重要啟示？」

學生一陣沉默，終於有一位自認聰明的學生答說：「不論工作再忙，還是能擠出時間做更多事情的。」蘇格拉底聽到回答後，點了點頭，微笑著說：「答得不錯，但不是我想表達的訊息。」他頓了一下，才說：「真正的重點是，如果你不先將大的『鵝卵石』放進罐內，也許你就再也沒有機會這麼做了。」

從應用心理學角度來看，艾森豪矩陣相當明智。古人云：「事有先後，用有緩急。」秉承「要事第一」的原則，先抓住關鍵之處，再做合理安排，接著緊急程度一步步執行。這樣做不但能節約時間、提高效率，最重要的是能給自己減少許多麻煩。當你條理清晰地一層層排出所有事情，輕重緩急一目了然，成果自然不同凡響。

如果你把節約更多的時間視為第一要件，就能優先去做最緊要的計畫，大幅增加了事情的成功率。

費斯汀格法則

你的態度，決定你的高度

費斯汀格法則是美國社會心理學家費斯汀格（Leon Festinger）提出的理論，意思是在拿到第二個以前，千萬別扔掉第一個。換句話說，先掌握好穩紮穩打的第一步，再去認真做好第二步。他舉了一個例子來解釋這個法則。

卡斯丁先生早上盥洗時，將自己的高級手錶放在洗手台邊，妻子擔心手錶被水淋濕，而順手拿到餐桌上。沒想到，兒子拿麵包時，不小心將手錶碰到了地上，摔壞了。卡斯丁先生很心疼，打了一下兒子，又痛罵了妻子。妻子覺得很委屈，於是夫妻二人發生了激烈的爭吵。一氣之下，卡斯丁先生不吃早餐，直接開車去公司。

然而，等他快到公司時，才想起自己忘了拿公事包，不得不馬上掉頭回家。到了家門口，他發現家中沒人，而自己又忘了帶鑰匙。於是他又不得不打電話給妻子。

妻子擔心他遲到被罰，慌慌張張驅車趕回家，回程卻不小心撞翻路邊的水果攤，並為此賠了一筆錢。等她匆匆趕到家，卡斯丁先生拿到公事包再趕到公司時，早已遲到了十五分鐘。他為此被上司嚴厲批評。這一天，他的心情簡直糟透了，憋了一肚子氣。結果，下班前，他因為一件小事又和同事吵了一架。

回家後，卡斯丁先生得知妻子也因為上班遲到失去了全勤獎。並且，兒子這天參加棒球比賽時因心情不好而表現失常、慘遭淘汰。

在這個故事中，因為卡斯丁先生沒能妥善面對手錶摔壞的事實，而引發其後一連串叫人鬱悶又惱火的事件。這一連串連鎖反應，可以說都是卡斯丁先生沒有妥善處理好第一件事情造成的。

倘若他一開始能用不同的處理方式，比如，看到手錶被摔壞時不是火冒三丈，而是安慰兒子：「不要緊，手錶摔壞就算了，拿去修一修就好了。」如此一來，兒子不會有那麼大的罪惡感，不會與妻子發生爭執，更不至於影響自己的心情。那麼，隨後的一切就都不會發生了。

由此可見，一個人倘若控制不了前面的一〇%，後面的九〇%的結果，就會受到自己的心態與行為所影響。換言之，生活中的一〇%由發生在你身上的事情組成，而另外的九〇%則由你對所發生的事情如何反應決定。

在二十世紀的商業史上，可口可樂與百事可樂是兩大競爭對手，兩者之間經常發生激烈的市場爭奪戰。原本，可口可樂牢牢占據絕對的競爭優勢，但由於一次錯誤的決策，最終痛失了銷售市場的半壁江山。

當時，在消費者的心目中，可口可樂等同於美國的化身，是別無分號的正牌可樂，擁有絕對多數的消費者支持率。然而，面對日益壯大、充滿朝氣和創新精神的百事可樂，老牌企業可口可樂終究感受到了危機和壓力。為了奪回被譽為「百事一代」（the Pepsi Generation）的年輕消費者，在一九八五年五月，可口可樂不惜耗資四百萬美元，修改沿用了九十九年的「神聖配方」，推出全新品牌「新可樂」（New Coke）。然而，出人意料的是，這個新品牌卻使可口可樂落入險象環生的深淵。

原來，在新配方推出之前，可口可樂在美加兩國的幾個大城市做了二十七萬人次的廣泛調查。

調查結果表明，無論是美國人或加拿大人，都想追求一種嶄新的生活方式，認為可口可樂沿用至今的古老配方，在百事可樂的攻擊下，已經嚴重缺乏市場競爭力了，「新可樂」就是在這次調查基礎上而推出的品牌。與此同時，可口可樂宣布，停止老配方可樂的生產和銷售。

不料，新產品一上市，可口可樂就收到無數消費者的抗議信和電話，甚至出現許多消費者上街遊行、拒喝「新可樂」的事件。百事可樂更是趁火打劫，推出了「既是好配方，為何要改變」的廣告語。在內外交困之下，獨占市場百年之久的可口可樂陷入空前的危機之中。

可口可樂之所以鬧出這齣百年一遇的危機，就在於推出新產品時，忽視了一項重要因素：消費者對品牌的感情支持度。

須知，在大多數美國民眾心目中，可口可樂無疑代表著美國，更是美國精神的象徵。因此，新產品的出現傷害了許多消費者對老品牌產品的忠誠度，也動搖了其「正宗可樂」的產品地位——這相當於在自我貶低。

因此，儘管為了挽救危機局面，可口可樂在同年七月宣布恢復原有配方，將其命名為「經典可口可樂」，並在商標上標明「原配方」，如此才讓一路狂跌的股價回升。不僅利用百年慶典大肆宣傳來挽回頹勢，其聲勢之大，甚至還在距離半個地球之遙的倫敦製作了相關節目。

但由於「新可樂」仍持續生產，造成可樂市場一片混亂，新舊消費者都被弄得無所適從。這一切彌補措施，終究沒能從根本上改變它與百事可樂激烈競爭的局面。

可口可樂遭遇經營危機的原因，就在於沒有正確使用費斯汀格法則——在拿到第二個以前，別輕易扔掉第一個。當大家站在相同起跑點時，決定勝敗的關鍵因素就在於企業或個人的做事態度和策略——是步步為營地持續擴大影響力，亦或粗心大意，喪失了應有的自信心和警惕心。

費斯諾定理

少說多聽的力量

費斯諾定理是英國聯合航空公司前總裁費斯諾所提出，主要在說：人有兩隻耳朵，卻只有一張嘴巴，這意味著人應該多聽少說。如果一個人說得過多、過滿了，這些話語便會成為障礙。亦即，一個人在待人處事時，應該多聽少說，用有效的行動做好自己本分。

費斯諾是一位很有想法的領導人。他經過觀察發現，凡是對工作牢騷滿腹的人，一定會遭到上司打壓，進而影響更多人的情緒。因此高階領導人一定要成為化解牢騷、改變不合理現狀的催化劑——這是企業管理中不可忽視的重要部分。

的確，牢騷是企業發展中最大的障礙，也是破壞生產秩序、人際關係的最大因素。而如何化解員工心中的牢騷和不滿，就成了公司治理水準的重要體現。為此，費斯諾要求管理者們少說多聽，傾聽員工的所思所想，藉此掃除因為說太多、做太少而造成的工作障礙。

費斯諾定理的核心意義就在於傾聽。傾聽，既是一種獲得有效資訊的途徑，也是一種有效溝通的方法，亦是一種對他人的尊重。一個人能夠耐心傾聽對方的談話，等於是在告訴對方「你是值得我尊敬的人」。如此一來，對方怎麼可能不積極回應，並表現出對傾聽者的好感呢？

心理學研究表明，越是善於傾聽的人，與他人的關係就越融洽。

日本的松下公司多年來業績一直蒸蒸日上，其中一個重要的原因就是其已故創辦人松下幸之助善於傾聽員工的心聲——不論是好的建議還是單純發牢騷。比如，松下幸之助經常問基層管理人員：「說說看，你對這件事有什麼想法？」「如果是你會怎麼做？」最初，一些年輕的管理人不敢說出真心話，然而，當他們發現松下會認真傾聽自己所說的每一句話，還不時筆記自己的建議時，他們就開始認真發表自己的見解了。

除了認真傾聽下屬的看法和見解，松下幸之助一有時間就會到工廠轉一圈，聽取一線工人的意見。無論對方說話有多麼囉唆或不中聽，他總會回應對方表示肯定，或者就某一問題與對方熱烈討論。正如他所說過的：「無論是誰說的話，總有一兩句是正確、可取的。」

總之，對松下幸之助來說，沒有什麼「人微言輕」這回事，他會認真傾聽底層工作者的正確意見，也會認真傾取高級主管的建議。因為傾聽他人談話，既能表達對他人的尊重，又能讓自己迅速發現存在的問題，改進經營方式，同時增進員工的忠誠度和歸屬感，對於公司的經營管理有著莫大的益處。

美國著名口才訓練專家卡內基曾說過一句話：「對於和你談話的人來說，他自己的需要和事情，永遠比你的事情更加重要。在他的生活中，自己的牙痛比發生天災或數百萬人傷亡的事件更重大；他對自己頭上冒出痘痘的在意程度，會比一起大地震還要高。」

的確，對每一個個體來說，其本身就是一個「獨立王國」。想要在工作和生活中建立和諧、順暢的人際關係，就必須學會善用自己的耳朵，做一個懂得傾聽的人，成為別人忠實的聽眾。如此一來，對方感到被人重視的同時，也會對你產生好感，願意與你建立融洽的人際關係；相反，當別人說話時，不用心聽或總是搶話題、打斷別人談話，就會讓對方失去交談的興趣，這可是人際溝通的大忌。

然而，道理很簡單，能做到的人並不多。你常常能發現，有很多人欠缺傾聽他人的耐心，更喜歡自己主導話題。殊不知，善於傾聽別人的意見，既是對他人的尊敬，又能夠贏得他人的敬重。說到底，這也是一個人能不能成功的要因。

迪斯忠告

當下的你，塑造著未來的你

迪斯忠告是美國作家迪斯提出的一種心理效應，即「昨天已經過去，今天就只做今天的事，明天的事暫時不管。」這句話提示我們要抓住今天，抓住現在，可以承前啟後；把握今天，活在當下，可以繼往開來。*

一位古希臘哲學家外出漫遊時，途經一片荒漠，看到了一座古城池的廢墟。這座城池早已因歲月的風霜而破敗不堪，但若用心觀察，依然能發現昔日的輝煌景象。哲學家隨手搬過一個石雕坐下，凝望眼前這片殘敗的城垣，遙想過去發生的事。

就在他沉浸於遐想中時，突然傳來一個聲音：「您為何感歎不停？」哲學家看了看四周，沒人呀。他又站起來四處張望，還是沒人。就在他感到疑惑時，那個聲音又出現了：「您在找我嗎？」

哦，原來是自己剛才坐著的那個石雕在說話。他蹲下身，細細端詳，發現這個石雕前後各有一張面孔。於是，他奇怪地問：「你為什麼會有兩副面孔呢？」雙面石雕答道：「這樣我就可以一面察看過去，吸取教訓；一面憧憬未來，期待未來的美好啊。」哲學家說：「過去的已經逝去，而未來又不曾發生，你不把握現在，卻一心想著那些抓不住的東西，這麼做有意義嗎？」

雙面石雕聽完一愣，隨即痛哭起來，說：「先生啊，我終於明白自己落到如此下場的原因了。」哲學家問：「為什麼？」雙面石雕一邊流淚，一邊說：「從前，我駐守這座城池時，一直為自己可以回望過去、展望未來而驕傲，卻不曾意識到，自己根本沒有好好把握住當下。結果，當這座城池的輝煌成

＊編注：另有一說是美國漫畫家比爾・基恩（Bil Keane），於一九九四年發表在刊物《家庭馬戲團》（The Family Circus newspaper）作品中，所提到的一段文字：「昨日已逝，明日是謎，珍惜眼前，從今做起！」（Yesterday's the past, tomorrow's the future, but today is a gift. That's why it's called the present.）

為過去時，我也就成了廢墟中的一塊頑石。」

如同故事中的雙面石雕，假若一個人不能把握現在，那麼，無論如何緬懷過去、暢想未來，都只是虛無的。與其一味地為失去的昨天而懊悔不已，或者一味地因幻想未來而熱血沸騰，不如牢牢抓住現在。因為，就在你毫無所覺的時候，最寶貴的今天和當下已然過去。一個人唯有抓住今天，才能真實地擁有自己，也才能走出昨天，創造明天。

愛德華．伊文斯（Edward Evans）出生於一個貧苦的家庭。他早年以賣報為生，隨後在一家雜貨店當店員。八年後，他反思自己一成不變的生活，決定放手創業。然而，就在此時，厄運降臨了。原來，前段時間一個想創業的朋友來找他幫忙。不料，朋友很快就破產了。緊接著，他存入全部財產的大銀行也倒閉了。伊文斯不但背負了一．六萬美元的債務，還損失了全部財產。

在沉重打擊下，伊文斯不知道自己今後該怎麼辦。有一天，他走在路上的時候，突然昏倒在地，從此再也無法行走了。醫生檢查後告訴他，只剩下兩個禮拜的生命可活。一想到自己餘生將盡，他突然感到釋懷。與生命相較下，那些損失的錢財真的不算什麼。自此，他決定放鬆地過好當下的每一天。

不過，命運有時也會眷顧某些人——伊文斯就是最好的例子。奇跡出現了，伊文斯不但沒死，而且還在六週後神采奕奕地去上班了。

經過這場生死考驗，伊文斯明白了一件事：與其一味地追悔過去，幻想未來，不如踏踏實實地把握好現在。當心態一調適好，伊文斯的身體在快速恢復的同時，其個人能力也在不斷提升。短短幾年間，他不但還清了債務，還創立了一家屬於自己的公司——伊文斯產品公司（Evans Products Company）。而這家公司在華爾街股票交易所上市後，成為一家保持長久生命力的公司。

正是明白了活在當下的道理，伊文斯才及時改變了人生態度，抓住當下的每一刻，改寫自己的人生。可以說，昨天是張作廢的支票，明天是尚未兌現的期票，只有今天是現金，具有流通的價值。

當下，是昨日的未來。當下的你，塑造著未來的你。

本章總複習

- **艾森豪矩陣**：先抓住關鍵之處，再做合理安排，接著按緊急程度一步步執行。
- **費斯汀格法則**：在拿到第二個以前，別輕易扔掉第一個。
- **費斯諾定理**：越是善於傾聽的人，與他人的關係就越融洽。
- **迪斯忠告**：當下，是昨天的未來。當下的你，塑造著未來的你。

CHAPTER 03

帕列托法則

Pareto Principle

那些支配事物發展的關鍵因素

不要將時間和精力花在瑣事上。
畢竟，一個人的時間和精力非常有限，
想「做好每一件事情」是癡人說夢。
為此，要學會將80%的資源花在具關鍵效益的20%上。

帕列托法則

把握起主導作用的關鍵點

帕列托法則，又稱作二八法則，主要內容是指投入與產出、努力與收穫、原因與結果之間普遍存在著不平衡的關係。換句話說，起關鍵作用的小部分，通常足以主宰整個組織的盈虧和成敗。這是於十九世紀末二十世紀初，由義大利經濟學家帕列托（Vilfredo Pareto）所發現。

一九八七年，帕列托無意間發現了十九世紀英國人的財富和收益模式。他透過調查取樣發現，少數人掌握著英國大部分的財富。同時，他還從早期的資料中發現，這種微妙的模式也同樣在其他國家中反復出現，在數學模型上呈現出一種穩定的關係：二〇%的人口，擁有八〇%的社會財富。即財富在人口中的分配是不平衡的。由於其中出現了二〇%和八〇%兩個數字，於是被稱為二八法則。

這項法則不僅限於經濟活動，在日常生活中，同樣存在相當多不平衡的現象。當然，這種不平衡的比例並非均由八〇%和二〇%組成，但人們習慣上會以二八法則來討論失衡現象，用以計量投入和產出之間可能存在的關係，迄今仍在經濟學、管理學領域得到廣泛的應用。

商業經典著作《80/20 法則》的作者理查．柯克（Richard Koch），在牛津大學讀書時，從學長的種種建言中領悟了這項法則：倘若你想儘快讀完一本書，其實你無須將一整本全部讀完，而是去領悟書中的精髓。這位學長想表達的意思是，一本書八〇%的價值，就在二〇%的頁面中，因此看完整本書的二〇%就夠了。柯克相當喜歡這個做法，因此一直沿用它。

由於牛津大學不存在一個連續的評分系統，因此，課程結束時的期末考試，成為裁定一個學生在校成績的最後機會。柯克發現，只要好好分析考古題，就可以掌握八〇%的知識內容。不用花太多時間就能充分準備與課程有關的知識，而且解答八〇%的考試題目。這項心得，讓他無須整日苦讀，就能取得極好的成績。

畢業後，柯克進入了老牌企業殼牌公司（Royal Dutch Shell）工作。他對煉油廠的工作沒有好感，他很快意識到，像自己這樣年輕又沒經驗的人，從事顧問業或許是最好的選擇。於是，他很快便離開殼牌公司去費城念書，並且輕而易舉地取得了華頓商學院的碩士學位。

其後，他進入一家頂尖的美國顧問公司，而且開給他的薪資是前公司的四倍。在這裡，柯克發現了更多關於二八法則的實例。比方說，顧問公司八〇%的成長要歸功於僅占公司員工二〇%的專業人員。而隸屬於八〇%的一般員工若想快速升職，只有跳槽到其他小公司才能實現。因此，工作一段時間後，柯克跳槽到另一間顧問公司。他驚訝地發現，新公司的同事工作起來比前公司更有效率。

事實上，不是新同事比前同事更賣力、聰明，而是他們有充分利用二八法則。首先，新同事深諳八〇％的利潤是來自二〇％的客戶的道理，因而將關注焦點放在大客戶和長期客戶上：前者帶來的任務量大，讓公司有機會雇用更年輕的顧問人員；後者的關係建立出雙方的依賴性，畢竟一旦更換顧問公司，就會增加成本。

對於大部分顧問公司來說，爭取新客戶是工作重點。不過，柯克任職新公司，則將盡可能與大客戶、長期客戶維持的合作關係視為明智之舉。對一位顧問及其客戶而言，付出的努力和得到的報酬之間完全沒有關係。聰明人要學會掌握做事的規律，而非盲目地橫衝直撞，這就是很多只知道努力工作，但做事不靈光的人無法成為頂尖員工的原因。

柯克發現，儘管公司連同自己在內共有三十多位合夥人，但公司創辦者卻獨得三〇％的利潤，而創辦人總共只占合夥人的四％。柯克與其他兩位合夥人決定打破這種局面，於是他們獨立出來，開設自己的公司，用相同道理來賺錢。隨著公司逐漸成長到擁有上百名顧問人員的規模後，儘管三位創立者只為自家公司付出了不到二〇％的努力，卻享受了超過八〇％的利潤。

柯克的經驗告訴我們，要小心選定一個籃子，將自己所有的雞蛋放進去，然後如同老鷹一樣盯緊它，讓你透過籃子裡的雞蛋獲得最大收益。雖然這種做法違背了經濟學家提倡的分散投資風險的觀點，但不得不說，這種方法能抓住起作用的最大關鍵，讓自己能以極少的付出獲得最大的收益。

這也正是微軟公司很大，但比爾・蓋茲卻能常常「周遊列國」；巴菲特的企業很大，而他卻能每週觀賞超過兩部電影的原因。成功的企業家之所以能享受「清閒」，原因就在於他們抓住了關鍵的二〇%。

除了經濟和管理方面，二八法則對我們的個人發展也有重要的現實意義，意即一個人要學會避免將時間和精力花在瑣事上，要學會抓住核心要點。畢竟，一個人的時間和精力是非常有限的，倘若想真正「做好每一件事情」幾乎是癡人說夢。為此，要學會合理的分配時間和精力，抓住重點進行突破，將八〇%的資源花在具關鍵效益的二〇%上，藉由二〇%的力量帶動其餘八〇%的發展。

阿羅悖論

讓所有人滿意是不可能的

阿羅悖論（Arrow paradox）又稱為阿羅不可能定理（Arrow's impossibility theorem），主要論點是，如果眾多的社會成員都有不同的心理偏好，而社會又有多種備選方案，那麼在民主制度下，就不可能得到令所有人都滿意的結果。這是由獲得一九七二年諾貝爾經濟學獎的美國經濟學家肯尼斯·阿羅（Kenneth J. Arrow）所提出的理論。

阿羅在大學期間迷上了數學邏輯，因而升上大四時，選修了波蘭知名邏輯學家塔斯基（Alfred Tarski）的關聯計算法理論。在為期一年的授課過程中，阿羅有系統地研習了從前靠自學才能接觸到的傳遞性、排序等概念。

大學畢業後，阿羅考上了研究所，在美國經濟統計學教授哈羅德・霍特林（Harold Hotelling）的指導下攻讀數理經濟學。期間，他發現自己喜愛的邏輯學理論能夠在經濟學領域發揮重大作用。例如，消費者的最佳決策就與邏輯學中的排序概念相吻合，即消費者會從眾多商品組合中選出自身最偏愛的組合。

於是，阿羅順理成章地開始對這種邏輯排序關係的傳遞性進行考察，進而從中獲得了一個反例。這一反例激起了阿羅的極大興趣，卻也成為他進一步研究的障礙，最終，他不得不暫時放棄深入探究的想法。

一年後，當阿羅在芝加哥的考爾斯經濟學研究委員會工作時，突然對選擇政治學產生了濃厚的興趣。經過細緻、深入地對比、計算，他發現，在某些條件下，「少數服從多數」的確可以成為一個合理的投票規則。可惜，一個月後，他發現早已有他人發現這項理論，並刊登在學術期刊上了。

一九四九年夏天，阿羅成為美國著名的智庫「蘭德公司」（Rand）的顧問。該公司研究範圍相當廣泛，最初是替美國空軍提供諮詢服務。當時，在蘭德任職的未來學家赫爾墨（Olaf Helmer）試圖將對策論應用於國家關係的研究中，但進展並不順利。於是，阿羅建議赫爾墨不妨用序數效用概念對這一理論來重新表述，並替他寫了一則詳細的說明。

也就是在撰寫這則說明的時候，阿羅意識到，這個問題跟兩年來一直困擾著他的問題實際上是一樣的。既然已經知道「少數服從多數」原則通常不能將個人的偏好彙整成社會的偏好，那麼，必定存在其他的方法。於是，他在幾週後提出了阿羅悖論。

阿羅悖論主要論點是，少數服從多數不一定民主。因此，不可能單靠簡單的少數服從多數的投票原則，從各種個人偏好中選出一個共同、一致的意見。所以，企圖藉投票來達成協調一致的集體選擇結果，通常是不可能的。亦即，讓所有人都滿意是不可能做到的，不存在能夠僅憑個人意願就決定選舉結果的獨裁者。

既然每一個個體的所作所為、所思所想不可能讓所有人滿意，所以，與其寄望取悅所有人，不如做好自己應做的事。

有一種叫作硨磲的大海貝，盛產於南太平洋島國萬那杜附近的海域，只有這種硨磲中才能長出彌足珍貴的黑珍珠。萬那杜出產的黑珍珠顆粒碩大飽滿，色澤光潤細膩，倍受世界各地豪門巨賈的追捧，價格也逐年倍增。然而，儘管此地每天捕撈上岸的硨磲數以百計，但其中能長出黑珍珠的卻寥寥無幾。加之這種硨磲的貝殼比較厚實，出水之後也一直緊閉著，僅靠肉眼無法判斷裡面究竟是否有黑珍珠。所以，想找到它相當困難。但由於這種黑珍珠一顆就可以賣出十幾萬美元的高價，因此，許多人還是無法控制自己對財富的嚮往，紛紛來到海邊尋寶。

這種需求催生了當地火熱的硨磲買賣市場。萬那杜海岸出產的硨磲按照個頭大小，價格約在四、五十美元到上百美元不等。可以說，這種買賣如同一場充滿玄機的賭博，買家完全憑藉自己的主觀猜測押寶。儘管中獎的幸運兒少見，卻都樂此不疲。對他們而言，只要押對一次寶，花區區幾十美元就可賺回十幾萬美元，何樂而不為呢？

就這樣，在每年的捕撈季，成百上千求勝心切的買家來到萬那杜，卻僅有極少數的幸運兒滿載而歸。然而，到了下一個捕撈季，同樣的情景仍會再次上演。在這場經年累月的押寶遊戲中，幾乎所有買家都鎩羽而歸了，許多人甚至為此傾家蕩產。不過，從始至終都會有贏家，那就是當地的漁民。

儘管當地漁民賣硨磲的收入並不是很高，卻可以穩定賺取利潤，多年下來，很多漁民竟然也攢下了一筆數目可觀的財富。這些漁民不是不知道自己完全可以選擇鑿開硨磲的貝殼，從中尋找黑珍珠，實現一夜致富的夢想。只不過，他們更清楚的是，在好勝心和不知足的欲望面前，沒有一個買家可以靠押寶穩賺不賠，笑到最後。

阿羅悖論可以應用在生活中的各種層面，不僅僅是在政府決策或者經濟規律中。對於個人來說，這也是一種足以令人自省的理性選擇——唯有選擇最適合自己的一面，控制住無限膨脹的投機心理，才能把人生的籌碼牢牢掌握在自己手中。

犯人船理論

好的制度，才能克制不好的人性

所謂犯人船理論，是指靠人性的自覺、柔性勸導、外部監督都解決不了的問題，卻能靠完善的制度完美解決。說得白話一點，無論是任何組織或國家，在無法靠人性的自省、柔性勸導和外部監督來解決問題時，只有透過制定完善、可行的制度，才足以讓人拋卻利己私心來遵從規則，做出利己利人的事情。

一七七〇年，英國政府宣布澳洲為大英帝國的殖民地。為了開發當時還是一片蠻荒的澳洲，英國政府決定將受刑犯運往澳洲，解決國內監獄人滿為患的同時，為澳洲送去豐富的勞力。

運送罪犯的工作由英國私人船主承包，運費則按船上的人頭結算。最初，英國私人船主運送囚犯至澳洲的條件和美國人從非洲運送黑奴的條件差不多——船艙裡擁擠不堪，營養與衛生條件極差，導致囚犯的死亡率極高。

據記載，從一七九〇年到一七九二年的三年間，由私人船主送運到澳洲的四千零八十名犯人中，死亡人數為四百九十八人，平均死亡率約為一二%。其中，一艘載運四百二十四名犯人、名為海神號的船上，最終死亡人數一百五十八名，死亡率高達三七%！當時，從英國到澳洲的這條罪犯運輸之路，幾乎成了一條「藍色地獄之路」。

英國政府花費了大筆資金，不但沒能達到運送大批移民到新殖民地的目的，還因此引發了社會各階層強烈的道義譴責。如何解決這個問題呢？一是進行道德勸說，寄希望於船主的善良人性；二是政府干預，以法律手段，促使船主改善船上的生活條件。最終，政府採用了極其簡單的方法，一舉改變了情勢。

這個簡單的方法，就是付費制度：政府不再按上船時運送的囚犯人數來支付費用，而是按下船時實際到達澳洲的囚犯人數來付費。如此一來，到達澳洲的人數就顯得至關重要了。船主一反對待囚犯的惡劣態度，不但讓他們吃飽吃好，還為其配備了專職醫生，備妥常用藥品……。

這個故事出自英國歷史學家查理．巴特森（Charles Bateson）所撰寫的《犯人船》（*The convict ships, 1787-1868*），書中說明了制度的重要性，犯人船理論即由此衍生而來。對所有組織和社會運作來說，良好的制度設計極為重要，唯有靠完善、合理的制度，才會讓人拋卻利己私心、願意遵從規則，去做對各方面都有利的事情。犯人船理論所強調的制度重要性，在我們的身邊隨處可見。

在超市、大賣場等商業場所，很容易發生店員偷雞摸狗的狀況，例如打開現金抽屜來中飽私囊。收銀機就是因此而誕生的機具，它迫使店員按照規矩，如實記錄每一筆交易，倘若違反規則，將無法開啟現金抽屜。既然人是靠不住的，就必須「用一種機制去篩選不可靠的人，並且限制和規範所有人的不可靠行為」。

第二次世界大戰中期，美國空軍和降落傘製造商之間的博弈，也利用了犯人船理論。當時，美國空軍降落傘的合格率在製造商的努力下，逐步提升到九九．九％，雖然軍方的要求是必須達到一〇〇％。最初，製造商對傘兵中每千人必死一人的現象相當無動於衷。直到軍方改變了品檢制度，規定製造商必須在交貨前一周，從交貨的降落傘中隨機挑選出一個，讓廠方負責人穿上裝備，親自當一回「傘兵」跳機測試通過才行。

結果，製造商自然一掃無所謂的態度，為了不丟失性命，他們夜以繼日改善降落傘的品質，終於使產品的合格率達到了一〇〇％。這是一個因修改收貨制度而帶來的奇蹟！

當然，犯人船理論並非打算藉由制度來改變人的利己本性，而是要利用這種無法改變的利己心，引導人們去做有利於社會的事。故利用犯人船理論制定制度時，必須「順應」人的本性，而不是試圖「改變」這種本性。

正如英國著名的經濟學家、政治哲學家海耶克（Hayek）所言：「壞的制度會迫使好人做壞事，而好的制度則能促使壞人做好事。」

班尼斯第一定律

周全規畫，成就不平凡的事業

班尼斯第一定律是由美國南加州大學商學院教授華倫・班尼斯（Warren Bennis）所提出。它是指計畫的執行過程中經常有意外狀況發生，千萬不要以為有了計畫便萬事大吉，一個微小意外都完全有可能使計畫脫軌，一發不可收拾。因此，計畫執行過程中的監控和回饋極為重要。

也就是說，凡事一定要考慮周全，不要做出輕率之舉，否則一旦意外發生，往往會令事情功虧一簣。

提到史蒂夫・凱斯（Steve Case），許多人第一時間會想到美國線上（AOL

Inc.），他就是透過周全的考慮提前做出通盤規畫，進而成就了不平凡的事業。

一九五八年，凱斯出生在夏威夷。他小時候是一個很普通的孩子，各方面都表現平平。成年後，他進入美國北部的麻塞諸塞州威廉斯學院政治系，但就學期間卻對廣告和行銷產生了濃厚的興趣。所以畢業後，他選擇從事市場行銷業，並幸運成為寶僑公司（P&G）市場部的推銷員。在職期間，凱斯發明了一種附帶吹風機的毛巾。遺憾的是，這項極具技術魅力的產品在銷售方面的表現並不理想。

凱斯深刻認知到，市場上賣得最好的東西未必具有最好的技術，但一定是最簡單、最具可操作性的；技術永遠只是手段，而不是銷售的終極目的。

一九八三年，凱斯到維吉尼亞北部的電腦服務公司 Control Video 上班不過數週，公司就倒閉了。凱斯和兩位同事合作，以原公司為基礎創辦了一家小得可憐的公司 Quantum 來投入網路世界，成為美國線上（America Online）的前身。

矽谷高科技精英對初出茅廬的凱斯嘲笑不已，諷刺美國線上的產品欠缺技術含量。不過凱斯認為，雖然美國擁有難以計數的電腦公司，但大多著重於技術研究、開發或電子銷售，卻對消費者沒有深入研究。他發現，線上聊天是網路使用者最喜歡做的事情，而聊天過程中，他們最關心的是彼此的交流是否暢通，而非高科技。

於是，凱斯的經營理念又發生了變化。他認識到，最好賣的東西必須是最簡單的，而且還要擺放在所有人都看得到的地方。他將這份心得徹底實踐在美國線上的運營開發方面，最後收到了預期的效果。

一九九一年，美國線上超越兩位競爭對手神童（Prodigy）和CompuServe之餘，還爭取到《紐約時報》及音樂電台提供的合作，提供充實而豐富的內容，因而迅速脫穎而出，成為首屈一指的網際網路公司，以及極少數開始獲利的網路公司之一。

一九九二年，美國線上公開上市。一九九四年，美國線上的用戶量達到了一百萬。這個結果，令那些曾大肆嘲諷過凱斯和美國線上的ＩＴ界大人物跌破眼。隨後，微軟、AT&T、IBM等公司紛紛涉足網路事業。

接下來，凱斯在處理完一連串危機後，成功併購了幾十家小公司，其中包括CompuServe和網景（Netscape）。這些作為使美國線上在新涉足的電子商務領域大獲成功，讓成千上萬的人首次體會網上購物的新奇和刺激。一九九六年，美國線上還與美國第一合作，推出了第一張網路信用卡——美國線上VISA卡。

到了一九九九年，美國線上已經發展成旗下擁有數家網路公司的巨型企業。美國線上一度是世界上規模最大、資本最雄厚、經營最成功的網際網路企業，其股票市值高達一千六百億美元，相當於IBM公司的兩倍市值。

回顧凱斯的成功之路，他在一步一步完善自己的理論的同時，以班尼斯第一定律為原則，一步一步周全考慮，提前規畫，採用簡明的策略面對消費者，使美國線上迅速發展，從一家毫不起眼的網路服務公司，一步步成為全球矚目的媒體巨人。

本章總複習

- **帕列托法則**：將八〇%的資源花在具關鍵效益的二〇%上，藉由二〇%的力量帶動其餘八〇%的發展。
- **阿羅悖論**：讓每個人滿意是不可能的，與其寄悅取悅所有人，不如做好自己應做的事。
- **犯人船理論**：只有透過制定完善、可行的制度，才足以讓人拋卻利己私心來遵從規則，做出利己利人的事情。
- **班尼斯第一定律**：凡事盡量考慮周全，不要做出輕率之舉，否則一旦意外發生，往往會令事情功虧一簣。

CHAPTER 04

沉沒成本效應

The Sunk Cost Effect

不願割捨的代價是失去更多

在人生旅途中，
難免會做一些無可挽回的錯事，
經歷了一些難以承受的挫折，
如果利用沉沒成本的概念來認識這些過往，
從中吸取經驗，反而能讓自己的路越走越寬，
贏得一種更為積極、嶄新的人生。

沉沒成本效應

讓無法挽回的事，成爲不影響未來的過去

所謂沉沒成本效應（Sunk cost effect），意指過去的決策已經發生的，而不能由現在或將來的任何決定改變的成本。比如已經付出的時間、精力、金錢、努力等。這一效應著眼於失去的代價，因此，從人類懼怕損失的心理角度來看，它極易導致一個人對損失念念不忘，每一次想起都會令心情變得更沉重，而在決定未來時死抱住過去不放，最終導致沉沒成本發生。

一九八五年，美國俄亥俄州立大學心理系的霍爾・亞克斯（Hal Arkes）教授和英國利物浦大學的卡特琳・布拉默（Catherine Blumer）教授做了一項

實驗：他們讓受試者假設自己花了一百美元買下密西根滑雪之旅的門票，但抵達目的地後，卻發現另一個僅需五十美元就能成行的威斯康辛滑雪之旅項目。於是，受試者也買了威斯康辛滑雪之旅的門票。

隨後，研究者讓受試者假定兩者的行程時間互相衝突，而且兩張票都不能退換或轉讓。那麼，受試者最後究竟會選擇號稱「不錯」的一百美元密西根滑雪之旅，還是會選擇號稱「絕佳」的五十美元威斯康辛滑雪之旅呢？

在實驗中，有一半的受試者選擇去參加更貴的一百美元密西根滑雪之旅——儘管這趟旅行可能不如後者有趣，但若不去參加，損失無疑會更大。然而，這恰好就是一個謬誤！因為不管你如何消費，花出去的錢都一樣無法收回了。

這項實驗證明了人們在沉沒成本面前會做出多麼盲目的選擇。或者提醒我們，最好的選擇是將來能帶給自己的更好體驗，而非一心彌補過去的損失。

阿根廷著名高爾夫球運動員文生佐（Roberto De Vicenzo）在面對失去時，

表現得相當令人欽佩。一次，文生佐贏得了一場球賽，拿到獎金支票正準備離去時，一個年輕女子走到他面前，哭著請求他幫助自己的孩子，因為她的孩子不幸得了重病，再沒錢醫治會面臨死亡。善良的文生佐一聽，毫不猶豫地在支票上簽名後送給那個女子，並衷心祝願孩子早日康復。

然而，一週後，他從朋友口中得知，那個悲痛的母親其實是騙子，根本不存在什麼孩子罹患絕症的事情！文生佐聽完，先是十分震驚，隨後卻變得很高興——他是為沒有孩子患上重病而高興。事後，他淡淡地說：「這是我一週以來聽到的最好消息。」對文生佐而言，失去的金錢不是重點，因為已經失去了，何必徒勞地難過呢？重要的是沒有孩子患上重病。他以寬大的胸懷面對「失」，豁達地對待自己的沉沒成本，這是不讓加重沉沒成本，讓當下和未來受到影響的最佳態度。

每個人都經歷過失去，不過，對失去所抱持的心態不同，便會得到不同的結果。有的人總是想著自己的沉沒成本，反復向他人述說自己失去的東西有多好、多珍貴……。然而，也有人則在失去後，不會一味地傷感、抱怨，而是主動尋找新的機會——因為他們明白失去並不代表失敗，失去後還可以重新擁有。這一點，恰好是許多成功者之所以成功的原因。

一艘輪船上，一個人正坐在甲板上看報紙。突然，一陣大風吹來，將頭上的一頂嶄新帽子吹入大海中。這個人用手摸了一下頭，然後看了看飄落的帽子，繼續淡定地看起報紙。

旁人大惑不解地說：「先生，你的帽子被吹走了！」

「知道了，謝謝。」他繼續看報。

「那頂帽子價值幾十美元耶。」

「沒錯，我正在盤算怎樣省錢再去買一頂。帽子丟了，我很心疼，但它已經回不來了。」說完，又繼續看報了。

誠如帽子的主人所說，失去的業已失去，何必為之大驚小怪或耿耿於懷呢？為了沉沒成本過度感傷，無疑會給心理投下更深的陰影，甚至因此飽受折磨。之所以如此，就在於面對失去時沒有妥善地調整心態，內心不肯承認這份失去，只沉湎於不復存在的事物中，沒有想到去創造新事物。

「舊的不去，新的不來」，與其為沉沒成本而懊悔終日，不如考慮如何獲取足夠的機會，重新開始。

在人生旅途中，由於年齡、經歷、機遇等，我們可能在年少輕狂時做過一些無可挽回的錯事，走了一些難以避免的彎路，經歷了一些難以承受的挫折，如果利用沉沒成本的概念來認識這些過往，從這些錯誤、彎路和挫折、打擊中吸取經驗，調整認知方向，面對新的開始，使自己的路越走越寬，將足以使我們贏得一種更為積極、嶄新的人生。

是的，我們無法改變過去，卻可以把握現在，不念既往，不畏得失，從容地創造自己美好的未來！

邊際遞減效應

相同的獎勵，會越來越沒價值

邊際遞減效應（Law of Diminishing marginal returns），在經濟學上被稱為邊際效用，在心理學上則稱為剝奪滿足命題，這是由霍曼斯（George Homans）提出的。意指某人在近期獲得某個特定的獎勵次數越多，將來同樣的獎勵對某人來說就越沒有價值。就以下面這個故事來說明吧。

羅斯福（Franklin D. Roosevelt）第四次連美國總統時，某次接受採訪時，一位記者問他連任的感受，羅斯福笑了笑，卻沒有回答，只是殷勤地招待記者，請對方吃三明治。連續吃了三、四份三明治後，記者由最初的受寵若驚，到後面越吃越難受，當他終於向羅斯福表示自己實在吃不下時，羅斯福笑著說：「現在，你知道我的感受了吧？」的確，羅斯福首次當選總統時，必定相當滿足，儘管當時適逢美國經濟大蕭條時期。但第三次擔任總統時，對他而言，或許已經跟吃第三、四塊三明治一樣，連任帶來的滿足感越來越低了吧。

從經濟學的角度來看，當我們去餐廳吃飯時，假設滿意度是十分，吃第一道菜的時候，滿意度可能是十分或九分，接下來的幾道菜則逐漸遞減為八分、七分……隨著菜餚越上越多，滿意度就越低。若用心理學理論來解析，可以說當我們為了極為嚮往的某事物投入越多感情，首次接觸時的情感體驗將最為強烈。但隨著次數增加，這種情感體驗也會越來越不強烈，趨於淡漠，直至變得乏味。

邊際遞減效應理論的應用相當廣泛，在日常生活中隨處可見。無論是教育、科技、經濟領域，甚至與人相處時，都可以給我們帶來提示。

有一個叫傑米揚的人，特別擅長做湯，他本人也頗以此為榮。每當朋友家要請客的時候，必定會請他去幫忙做湯。而每當他請朋友到家中做客時，也一定要為客人做湯。某一天，他家中迎來了一位新客人。傑米揚為這位新朋友調製了一盤無比美味的湯。第一碗湯送上去，新朋友喝了第一口就大讚美味，很快就喝光了。沒等朋友要求，傑米揚熱情地說：「味道很不錯吧？再來一碗！」並立即送上第二碗湯。朋友一邊和傑米揚聊天，一邊將湯喝完。傑米揚隨即為朋友盛上第三碗湯。朋友說實在喝不下去了，傑米揚卻說：「我做的湯很好喝，請盡量吧！」朋友無奈之下，勉強自己喝下了第三碗。隨後，傑米揚沒等朋友說話，就說：「再來一碗吧！」這位朋友嚇壞了，連飯也不吃便落荒而逃……。

上面這個故事中，可以明顯看出邊際遞減效應的影響，提醒我們，在人際交往中，要把握好分寸，才有利於維護人際關係。

邊際遞減效應除了在獲得時發揮作用，在失去時也同樣會發揮作用。正如「人們總是在失去後才懂得珍惜」的道理一樣。人們在第一次失去時，反應會無比強烈。但隨著失去的次數增多，反應會越來越平淡。

邊際遞減效應無處不在，卻不是人人都瞭解。而那些擅於觀察和思考的人，會在生活善加利用，讓自己的每一項調整都能取得準確的邊際收益。

德尼摩定律

把合適的人放在合適的位置

德尼摩定律（Denimo's law）是英國管理學家德尼摩提出的一條管理學定律，內容是在說，凡事都應有一個可安置的所在，一切都應在它該在的地方。換句話說，對於個人而言，每個人都有最適合的位置。只有在對的位置上，人才能發揮最大的潛力。

在個人發展的實際應用上，代表一個人應該從多種可供選擇的奮鬥目標及價值觀中挑選一種，然後全力以赴。如此方能激發一個人的熱情和積極性，選擇自己所愛的，同時愛自己所選擇的。

近而立之年的克里斯・賈納（Chris Gardner）一直從事自己不喜歡的醫療器械推銷員的工作。讓他對這份工作感到厭惡透頂，每天活得過且過。但是，賈納不甘心庸庸碌碌地過一生。當家庭、社會等諸多壓力一齊向他撲來時，賈納不顧妻子反對，決定去做自己喜歡的風險頗高回報卻也很高的股票行業，打算憑藉自己的靈活頭腦大展拳腳。然而，由於股市行情瞬息萬變，而且極具投機性，經驗不足的賈納，很快遭到受沉重的打擊，不但積累多年的家底被迅速耗盡，甚至連自己的房子也被銀行抵押。妻子琳達更是在失望之餘，甩手離去，留下五歲的兒子克里斯多佛（Christopher）與其艱難度日。

面對一無所有的現實，賈納沒有失去信心，雖然他帶著兒子過著顛沛流離的生活，在最潦倒時，父子二人甚至要到火車站的澡堂挨過漫漫長夜。然而，接踵而來的磨難和兒子給予的愛與鼓勵，卻讓賈納愈發堅強，迸發出驚人的鬥志。最終，在歷經多次挫折之後，他再次擁有了屬於自己的事業——一家以他為名的證券公司。而他也從一個窮困潦倒、默默無聞的投資經紀人，成為世人矚目、備受景仰的華爾街傳奇人物。

這就是電影《當幸福來敲門》的故事原型，故事的主人公就是美國著名的黑人投資家克里斯・賈納。他那跌宕起伏的人生經歷，除了展現風雨之後見彩虹的道理，還道出了從事喜歡的工作之於一個人的重要性，這也是德尼摩定律在個人身上的體現。

同樣，對於企業管理而言，管理者必須按員工的特點和喜好來合理地分配工作，如此才能人盡其才，人盡其能。例如，讓成就欲較強的優秀員工單獨或領頭完成有一定風險和難度的工作，並在完成時給予及時的肯定和讚揚；讓依賴性較強的員工加入團體性的工作；讓權力欲較強的員工擔任與能力相應的主管職位……。

同時，管理者還要加強員工對企業目標的認同感，讓員工感覺到自己所做的工作是值得的，這樣才能激發員工的工作熱情。

汽車大王亨利・福特（Henry Ford）被尊稱為「為世界裝上輪子」的人，他的成功有目共睹──「T型車」的首創不僅成就了福特汽車公司，也成就了一個偉大的企業家。不過，探究福特成功的祕訣，最重要的一條就是用人唯才。這種管理方式，在重振福特公司的過程中，對於T型車的一炮而紅發揮了重要作用。可以說，福特就是在深入理解德尼摩定律的基礎上，讓那些有潛力的員工，各自發揮了獨特的才能。

作為一名廣告設計師，佩爾蒂埃（E. Leroy Pelletier）深諳產品行銷之道，並且對於自己的所長深具信心。福特發現並理解了他的想法和願意，於是讓他全權負責T型車的行銷策畫。後來經過一系列獨樹一幟的推廣、嘗試，佩爾蒂埃果然帶領行銷團隊取得了非常好的成績。

彼時負責推銷福特汽車的負責人是高任思（James J. Couzens），他在銷售方面有很強的實戰經驗，不過為人虛榮、自私、暴躁，而沒能得到重用。但福特本著不拘一格的用人理念委以重任，結果高任思獨創了一種產品推銷方式，成功在美國各地建立起福特汽車的經銷點。

還有索倫森（Charles Emil Sorensen），此人不但技術精湛，而且非常善於處理人際關係，不過同樣長期得不到賞識、懷才不遇。福特在發現他的能力和抱負後，同樣委以重任，甚至充分授權他可以自行決定用人策略，從而聚集更多的有才華的人，在公司各個領域都做出卓越的貢獻。

此外，索倫森還發明了最新式的自動專用機床，令世界上其他的機床公司難以望其項背，而且該項發明在汽車工業發展史上也具有重大意義。

索倫森手下的一名員工名叫摩根那，在公司擔任採購員，他只要到同業競爭對手的供應場上看一遍，探究那些最新設備中採用的新技術、設計，回來向索倫森描述後，就能加以仿製或改進成新的機器加快上市腳步了。

最終，福特汽車公司靠這些精兵強將的努力，進行了全面革新，並於一九二五年破紀錄地達到了每十秒生產出一輛汽車的產能，所創造的競爭優勢讓同時代的汽車公司望塵莫及，也成了令後人神往的經營傳奇。

史密斯原則

遇上沒有勝算的勁敵，就加入對方借力使力

史密斯原則是美國通用汽車（General Motors）前董事長小約翰・史密斯（John F. Smith Jr.）提出的策略原則，即「如果你不能戰勝他們，就想辦法加入他們」。這一原則要說的是，世界上沒有永遠的敵人，只有永遠的利益。不管是合作還是競爭，要以利益至上為原則，理性地選擇合作夥伴，甚至讓殘酷的競爭變得優雅而有效。

如今，微軟公司可謂無人不知，無人不曉。不過，如果回溯到幾十年前，相比IBM等大公司，微軟就是大象腳下的小草，根本不被世人關注。

比爾・蓋茲（Bill Gates）在確立要將公司發展成如ＩＢＭ般的大公司後，就將個人電腦的服務系統作為公司的主攻方向，而非電腦的硬體開發。從此，他組織研發人員拚命研發新型系統軟體。過程中，他聽說派特森（Tim Paterson）的西雅圖電腦產品公司（ＤＯＳ之原開發者）已研發出一種稱為ＱＤＯＳ的作業系統。他和自己的研發團隊討論後決定，與其最終和對方在市場上鬥得你死我活，不如以合適的價格將其使用權和所有權買下。如此一來，不但可以推進自己的產品研發速度，還能減少競爭對手。

就這樣，蓋茲及其研究人員在ＱＤＯＳ作業系統的基礎上進行改進，最終研製出了自家的作業系統ＭＳ-ＤＯＳ。接下來，就是將產品推向市場了。這時，蓋茲首先想到了ＩＢＭ。他認為，自己的軟體系統和ＩＢＭ的硬體開發相結合，無疑將是一種合作雙贏的局面，可以打造出一種「你為我用，我為你用」的最佳狀況。結果，雙方一拍即合。

雙方首次見面前，ＩＢＭ要求蓋茲簽署一項保密協議，尋求法律上的保護。而蓋茲從這項要求中明白，對方是認真要與自己合作。他興奮地感到，微軟的機會來了。

然而，當蓋茲與IBM第二次見面時，他發現IBM打算插手個人電腦市場，微軟該如何面對一個如巨象般的競爭對手。蓋茲本著說服對方使用微軟軟體會更好的想法，熱情地與IBM合作，並在過程中傾注了自己的滿腔熱情。當時，合約的第一項訂貨即為作業系統，按IBM的要求，雙方合作的軟體成品必須在一九八一年三月底以前設計完成。

於是，比爾．蓋茲帶領自己的團隊不分晝夜地加班設計，最終如期向IBM交了一份滿意的成果。借助合作帶來的力量，微軟很快研製出IBM PC，其DOS系統也因此成為行業的唯一標準。此後，伴隨著IBM PC銷量日增，MS-DOS的影響也與日俱增，專門為其開發的應用軟體也越來越多，使其地位更加鞏固。

微軟就這樣在競爭與合作中不斷前進，成為最大的贏家。

正由於微軟選擇和當時的電腦業巨頭IBM合作，挖到了自己至關重要的一桶金，進而為日後的發展打下了基礎。這個合作也完美地詮釋了弱者如何透過與強者合作，提升自己的競爭實力，加快成功的速度。

這正是史密斯原則的精髓所在：如果你無法戰勝對方，那麼就加入對方，借力使力來自我提升。

美國可口可樂公司前負責人伍德拉夫（Robert Winship Woodruff）是一個喜歡憑自身力量做事的人。因此，他從來不喜歡向銀行貸款，更不喜歡向別人借款。然而，在美國經濟大蕭條時期，可口可樂公司一度陷入經營困境。此時，為了公司的發展，一位財務負責人提出了以九．七五％的利息貸款一億美元的建議。伍德拉夫一口回絕了，堅持公司在他就任期間絕不借貸的原則。然而，這項做法大幅限制了公司的發展，一直無法進入大企業的行列。

伍德拉夫離任後，古茲維塔（Roberto Goizueta）接替他擔任公司負責人。與伍德拉夫的保守策略截然不同，古茲維塔深深瞭解商業遊戲的規則，他巧妙地運用了合作共贏的策略。甫上任，古茲維塔就看準方向，與銀行合作、大舉借款。儘管可口可樂的債務由原來的二％一下子升至二〇％，但公司得到了充足的資金，產品利潤也因此增長了二〇%。隨著可口可樂的利潤不斷增加，公司的股價也水漲船高，成為人們競相追捧的對象，迅速成為飲料類的龍頭企業。

古茲維塔時常說：「既然看準了方向，就不要怕花錢。沒錢的話，借錢也要花。」正是靠著從銀行借來的資金，才使得可口可樂的業績大為好轉。如果他像前任董事長伍德拉夫一樣保守，恐怕可口可樂至今仍然是個名不見經傳的小公司。

這個案例表明，巧妙地與他人合作，可以讓自己得到長足的發展。許多優秀的企業家就是如此發展起來的。正如法國作家小仲馬的劇本《金錢問題》中的一句台詞：「賺錢，其實並不困難，只要善加利用別人的錢就可以了！」

這話聽起來很露骨，實際上卻一針見血。的確，巧借他人之力，借力使力，這是每一個創業者必須學會的首要技能。

杜嘉法則

「無聲」管理，讓人自發地跟隨

杜嘉法則意為「下屬一看你的行動，便明白你對他們的要求」，反映出下屬一種觀望上司的普遍心理，出自美國疾病管制與預防中心（CDC）的杜嘉教授。主要在說領導者身先士卒的重要性，唯有起到表率作用，才能激發下屬跟進。

前日本經團聯會長土光敏夫曾說：「身為一名主管，要比員工付出加倍的努力和心血，以身示範，激勵士氣。」這位地位崇高、受人尊敬的企業家在初任東芝電器社長時，面對龐大組織所造成的管理不善和官僚作風，以及員工士氣鬆散、公司績效低落的現狀，而提出「一般員工要比以前多用三倍的腦，董事則要十倍，我本人則有過之而無不及」的口號，以此重塑東芝精神。

從此之後，他將自己的口頭禪「以身作則最具說服力」作為行動的指南，每天提早半小時上班，並空出上午七點半到八點半的一小時，歡迎員工與他一起商討，共同改善公司內部存在的問題。

同時，土光敏夫為了杜絕高層鋪張浪費的現象，藉由一次參觀的機會，為東芝的高層們上了一課。那天，東芝的一位董事想參觀一艘名為「出光丸」的巨型油輪。由於土光敏夫已經看過九次了，所以事先說好由他帶路。恰好，那天是假日，他們約好在「櫻木町」車站的門口會合。土光敏夫準時到達，乘坐公司專車的董事也隨後趕到。他一抵達就說：「社長，抱歉，讓您久等了。我們就搭您的車前往參觀吧！」董事原以為土光敏夫也是搭公司專車來的。結果，土光敏夫面無表情地說：「我沒有坐公司專車，一起搭電車去吧！」

這位董事當場愣住，羞愧得無地自容。原來土光敏夫為了杜絕浪費，使公司管理合理化，發揚以身示範的精神，竟然是搭電車來的。此舉給那位渾渾噩噩的董事上了一課，這件事隨後傳遍了整個公司，上上下下立刻心生警惕，不敢再隨意浪費公司的財物和資源。由於土光敏夫以身作則，付出了許多努力，東芝電器的經營情況逐漸好轉起來。

土光敏夫的事例說明，作為領導者，想要讓別人甘願跟隨，就要比別人動得更快。只有一馬當先的領導才能最大限度地激發下屬的活力；反之，凡事猶豫不決，則是領導無能、怯弱的表現。所謂領導，即要率先垂範，以良好的品質、作風引領下屬，否則就是徒有虛名。

不過，領導者要清楚地明瞭杜嘉法則的核心，還要注意正確地理解以身作則的意義。所謂以身作則，就應該把「照我說的做」改為「照我做的做」，這樣才能起到更好的教育激勵作用。

第二次世界大戰時期，美國著名將領巴頓將軍（George S. Patton）在軍中即以身先士卒為人稱道。一次，巴頓將軍帶領部隊正在行軍，由於路況不佳，汽車深陷泥沼中。他不住高喊：「你們這些傢伙趕快下車，把車推出來。」於是，所有人都依命落地推車。

在眾人努力下，車終於被推了出來。當一個士兵正打算抹去自己身上的污泥時，驚奇地發現，身邊那個同樣渾身髒汙的人竟然是巴頓將軍本人。這個士兵將這件事牢記在心。直到巴頓去世後的葬禮上，士兵才對將軍的遺孀提起了這件事，並表示：「夫人，我們敬佩他！」

看完這則故事，再來看巴頓將軍的一句名言：「戰爭中有一條真理，士兵什麼也不是，將領卻是一切……」我們不難發現隱藏在這句話背後的深意，意即，士兵的狀態，取決於將領的狀態；將領所展現的形象，就是士兵的標杆。這個道理不僅限於軍隊，也適用於任何組織——凡是能夠帶領團隊取得成功的，必定是以身作則的領導者。

當然，領導者不可能盡善盡美，也不可能在一夜之間就轉換風格。但是，只要清楚自己的定位，明白最令人信服的方式，就是以身作則表達責任感和工作熱情的重要性，那麼，自然就能以生動、真實的言行感染員工。想要什麼樣的員工，自己就要先成為那樣的人。

本章總複習

- **沉沒成本效應**：「舊的不去，新的不來」，與其為沉沒成本而懊悔終日，不如考慮如何獲取足夠的機會，重新開始。
- **邊際遞減效應**：某人在近期獲得某個特定的獎勵次數越多，將來同樣的獎勵對某人來說就越沒有價值。
- **德尼摩定律**：只有在對的位置上，人才能發揮最大的潛力。
- **史密斯原則**：如果你不能戰勝他們，就想辦法加入他們。
- **杜嘉法則**：建議管理者，想要以身作則時，應該把「照我說的做」改為「照我做的做」。

CHAPTER 05

鐘擺效應

The Pendulum Effect

找到自己面對世界的方式，不受他人擺弄

每個人都難免遭受情緒擺弄，
做出後悔莫及的事情。
那麼，掌握一些克服鐘擺效應的方法，
學會緩解負面影響，就顯得非常重要了，
尤其是當你受到情緒困擾的時候。

鐘擺效應

別讓他人左右你的情緒

鐘擺效應（Pendulum effect）意指人的感情在受到外界刺激下，會因其強度的多樣性和情感的正反性，而呈現出多梯度性和兩極性的特點。每一種情感都有不同的等級，也有對立的情感狀態，如愛與恨、歡樂與憂愁等。在特定背景的心理活動中，感情的等級越高，呈現的「心理斜坡」就越大，也就越容易向相反的情緒狀態進行轉化，如同鐘擺般在兩極之間擺動。

比方說，此時你正感到興奮無比，而那相反的心理狀態就會在其他時刻出現，就是俗說的「樂極生悲」。當情緒正向擺動強烈時，內心往負向擺動的力道也就越大，進而對人對己造成巨大的傷害。

二〇〇六年七月九日，在德國柏林奧林匹克球場上，法國和義大利正進行世界盃決賽。比賽進行得非常激烈，到了延長賽的第一百零八分鐘仍為平手，隊長席丹（Zinedine Zidane）很滿意自己的場控能力，非常興奮。眼看法國隊就要勝利了，席丹卻在第一百零九分鐘時出了狀況。他因為面臨義大利球員的挑釁，而突然情緒失控，用頭狠狠頂向義大利後衛馬特拉齊（Marco Materazzi）。此舉引起一片譁然，席丹隨後被判紅牌下場，大傷法國隊的士氣，最終被義大利隊逆轉勝。只因為席丹一時的情緒失控，令法國隊與夢寐以求的世界盃冠軍失之交臂。

情緒的大起大落，是人之常情，每個人都無法避免。既然不良情緒帶給人的危害如此巨大，那麼，掌握一些克服鐘擺效應的方法，學會緩解甚至消除負面影響，改善自己的心理狀態，就顯得非常重要了，尤其是當你受到情緒困擾的時候。

傳說中，古印度有一個古老的部落，這個部落中有位名叫山姆的住民。山姆以一種獨特的處事方式令人稱奇，他每次生氣或和別人起發生糾紛時，總會飛快地返回家中，繞著自己的房子和土地走三圈，這種狀況時常發生。

後來隨著山姆的房子越換越大，土地也越來越多，卻繼續保持這個習慣，哪怕累得氣喘如牛，山姆依然堅持用這種方式來消氣。直到他老得白髮蒼蒼，快走不動時，仍然不改這個長年堅守的習慣。有一天早晨，山姆又不小心和人發生爭執了，然後他便拄著拐杖艱難地繞著自己的房子和土地走。老邁的他，雙腳早已不夠靈活，花了大半天才走完了三圈。他的孫子看到爺爺這樣做，覺得非常納悶，就去問他：「爺爺，為什麼您一生氣就要繞著房子和土地走呢？不累嗎？」

山姆終於揭示了自己一生堅持這個行為背後的想法：「我年輕的時候，經常跟人起爭執，每次生氣我就回家繞著房子和土地走三圈，一邊走，一邊想，我的房子這麼小，土地這麼少，哪有時間和別人生氣啊？這麼一想，所有的怒氣和糾結就都消失了，然後我努力把時間都用於工作。慢慢地，雖然生氣的次數多，但我都能用這個方法快速控制住情緒，用於工作的時間也多起來，房子也越蓋越大，土地越來越多。後來，我一直這樣做，每次和別人生氣時，還是會繞著房子和土地走三圈。不過，這時我的想法已經變成了：「我的房子這麼大，土地這麼多，何必和別人計較一些小事呢？」這樣一想，心裡的怒火和怨氣就自然消失了。

世事紛繁，情緒多變，我們其實都很需要向山姆學習，尋找一種適合自己的情緒化解良方，來保持心靈的安適，更有餘裕地面對和處理問題。更重要的是，學會和自己的壞情緒和平相處。

相關定律

萬事萬物皆有關聯

所謂相關定律，是指世界上的萬事萬物之間都有一定的聯繫，沒有任何一件事情是完全獨立、孤立存在的。不同的事物之間會相互作用、相互影響，一個問題的解決，往往會影響到周圍的眾多事物。易言之，要想解決某個問題，不要只專注在一個難點上，可以嘗試從其他相關的地方著手。

事物的相關性是普遍存在的，從哲學方面來說：第一，任何事物內在的各個部分、要素、環節是相互聯繫的，列寧曾說過：「身體的各部分只有在聯繫時才是它們本貌，脫離身體的手，只是名義上的手。」第二，任何事物都與周圍的其他事物相互連結，所有事物都處在縱橫交錯的連結之中。第三，整個世界是一個相互聯繫的統一整體，沒有一個事物是孤立存在的。

正是由於這種普遍連結的存在，使得我們在進行創造性思考時，相關性發揮著重要作用，人們的思路受到其他事物已知特性的啟發，往往會聯想到與自己正在思考的相似或相關的東西，從而把兩者結合起來，這就是所謂的「以此釋彼」。

這暗示我們，要努力培養洞察事物之間相關性的能力，抓住事物和問題的關鍵，尋找解決問題的突破口，然後順著事物之間的聯繫，順藤摸瓜，最終解決自己面臨的大問題。伽利略發現單擺的等時性，就充分運用了事物的相關性。

一五六四年，伽利略出生於義大利比薩的一個沒落貴族家庭，他是虔誠的天主教徒，每週都到教堂去做禮拜。一五八二年的某一天，他照常去教堂禮拜，開始後不久，一位工人在進行修繕時，不小心碰到了教堂頂上的大吊燈，大吊燈來回擺動起來。這一幕看在伽利略眼裡，引發他極大的興趣。

伽利略專心觀察，腦中突然蹦出一個想法——他想計算一下吊燈擺動的時間。於是，他憑藉自己學醫的經驗，把右手按到左手腕的脈搏上開始計時，同時數著吊燈的擺動次數。開始時，吊燈擺動的速度較快，幅度也較大，伽利略測算出了吊燈來回擺動一次的時間。過了一會兒，吊燈擺動的速度變慢了，幅度也變小了，伽利略又測算了一次。令他驚奇的是，這兩次測算得出的時間竟然一致。於是，伽利略又繼續測算了幾次，測算結果表明，吊燈來回擺動一次需要的時間完全相同。

伽利略由此得出結論：吊燈來回擺動一次所需時間是相同的，無論擺動幅度的大小或擺動的速度如何。亦即，吊燈的擺動具有等時性。

他帶著這項發現，回到家中進行持續研究。由於伽利略是一個十分認真又喜歡研究問題的人，從不滿足於一次實驗中得到的結果。他會反覆實驗，並以嚴密的推理來探索客觀的規律。這次也不例外。

伽利略找來了絲線、細繩、大小不同的木球、鐵球、石塊、銅球等實驗用品進行研究。他用細繩的一端繫上小球，把另一端繫在天花板上，做成一個單擺。接著，伽利略開始用這套裝置測量單擺的擺動週期。

他先用銅球進行實驗，然後又換成鐵球和木球。結果，他發現，無論用哪種球，只要擺長不變，單擺來回擺動一次所需要的時間就相同，而且，單擺的擺動週期與擺球品質無關。

那麼，單擺的擺動週期與什麼有關呢?伽利略繼續進行實驗。他先是做了兩個擺長完全相等的單擺來測量，結果發現這兩個單擺的擺動週期完全相等。然後，他又做了十幾個擺長不同的擺，逐一進行測量。結果表明，單擺的擺長越長，擺動週期也越長。

在此基礎上，伽利略又透過嚴密的邏輯推理，推導出結論：單擺的擺動週期與擺長的平方根成正比，與重力加速度的平方根成反比。

由此，伽利略不僅發現了單擺的等時性，還發現了決定單擺週期的要素。而且進一步提出應用單擺等時性來測量時間的設想。他還根據學醫的經驗，想到醫生看病時，經常要測量病人脈搏跳動的快慢。當時，往往都是靠經驗來判斷，有時會出現較大的誤差。那麼，能否利用單擺計時來進行測量呢？

很快，伽利略動手製作了一個標準長度的單擺，用來測量脈搏的跳動時間。使用這個裝置來測量脈搏要比原來的方法準確多了。該裝置很快在醫學界流行開來，即為世界上最早的「脈搏儀」。

伽利略的一系列發現，正是由於他找到了事物之間的關聯性，並有效運用這種連結來解決實際問題。不止科學研究如此，任何創意和創新，都建立在對萬事萬物的觀察和把握之上。一個人假如十分擅長觀察，由此及彼地發現事物之間的連結，必然能以更有效的方法，來解決生活中面對的種種問題。

皮爾斯定理

知道的前提，是意識到無知

皮爾斯定理出自美國貝爾電話公司實驗室的著名科學家、「衛星通信之父」約翰．皮爾斯（John Robinson Pierce）提出，人貴有自知之明，要能看到自己的不足，然後才能彌補自己的不足，唯有意識到自己的無知，才能有所進步。

蘇格拉底曾經說過：「我唯一知道的事情，就是我一無所知」、「我知道得比別人多的，不過是明白自己的無知。」這點恰恰道出了皮爾斯定理的內容。正因為有這種謙虛學習的心態，蘇格拉底才能發展出自己的哲學思想，澤被後人。

一個人只有先認識到自己的無知，才能激發起虛心學習的動力，進而挖掘潛能，逐漸達成目標，邁向成功——因為意識到無知，便是有知的開始。

在美國人心中，林肯是一位極有威望的總統，他的文辭優美、幽默、平易近人。然而，林肯卻經常因為醜陋的樣貌被政敵嘲笑。有一天，一位政敵遇見他，罵道：「你長得太醜陋了，簡直不堪入目。」林肯笑著回答：「先生，你應該為我的醜而感到榮幸，你將因為罵一位偉人而揚名天下。」

林肯的幽默由此可見。眾所皆知，林肯的父親是一個目不識丁的木匠，母親是一個平庸的家庭主婦，那麼，林肯卓越的文字天賦是怎麼來的呢？或許，你以為林肯受過良好的教育和訓練。實際上卻不然，林肯所受的教育是「極不完全的」，他只在學校待過一年時間。這一點，在他當選國會議員後，曾經當眾承認過。

既然如此，林肯超凡的政治才華來自哪裡呢？來自好幾位巡遊於肯塔基州森林地帶的村儒學究、伊利諾州第八司法區等地的許多人……林肯多次和眾多農夫、商人、律師、訟棍商討國家大事、世界大事，從他們身上學到了許多知識和道理。林肯認為「每個人都能做他的老師」。

林肯之所以有這份認知和行動，是因為他正確認識到自己的不足，明白自己所受的教育極為不夠，於是就利用一切機會，向每個可能彌補自己不足的人學習，學習別人的長處，繼而截長補短，成為一個通才。

「認識自己」，這句話被刻在古希臘聖城——德爾菲神廟（Delphi）的勒石上，千古流傳。這是神對人的要求，要求人應該知道自己的限度。

有人曾經問過世界上最早的哲人泰勒斯（Thales）一個問題：「什麼是最困難之事？」泰勒斯答道：「認識你自己。」那人接著又問：「什麼是最容易之事？」泰勒斯的回答是：「給別人建議。」這一問一答揭示出，世界上有自知之明的人很少，而好為人師者卻比比皆是。

一旦有這份認知，會發現真實的自己其實比鏡子裡的難看。這點不免引人深省，即便是容易辨識的外表，在鏡子這種真實、客觀的工具輔助下，人們仍然會出現誤判。由此可見，對於一個人的性格、品質等內在特點，人們判斷和認識的難度要遠遠高於外貌，也難怪會有「知人知面不知心」的說法。

所以，若想正確地認識自己，必須客觀、全面地認識和評價自己的優勢和劣勢，認識自己與眾不同的潛力，同時也要瞭解自己的不足，才能準確地挖掘自身潛能、超越自我。

不過於高估或低估計自己的才貌、學識在別人心目中的地位，才能客觀、正確地評價自己。有些人在走上坡的時候，認為憑藉自己的能力，想要的一切都能唾手可得，將運氣和機遇當成自己的能力，往往容易得意忘形；而有些人在處於生活或事業的低谷時，會懷疑自己、貶低自己，將困難和挫折當成自己的無能，輕易陷入一蹶不振。唯有理智才能真正認識自己，若做不到這一點，很容易會影響自己的身心健康、現在和未來的發展。

另一方面，也只有正確地認識自己，才能不斷調整、充實自我，根據需要和社會需求調整自己的行為。這份認識是不斷發展的，今天的自己和昨天的自己，可能會有很大的不同。

這樣看來，一個成熟、理性的人必須以發展的眼光認識自己，不斷總結自己的不足，以及評估自己針對那些不足做了什麼努力，取得了哪些成效，應該進行哪些改變。面對充滿變化的世界，只有不斷學習，將無知變為有知，才能持續地發展潛能、自我提升。

杜利奧定理

駕馭生命，還是被命運駕馭

杜利奧定理源自於美國自然科學家、作家阿爾多・李奧帕德（Aldo Leopold）提出的一個觀點：沒有什麼比失去熱忱更讓人灰心洩氣了。如果一個人精神狀態不佳，一切都將處於不佳狀態。

有時，人和人之間所面臨的條件差不多，只在心態上有很小的差異，一個積極，一個消極，就會造成巨大的差異——一個成功，一個失敗。邁向成功的先決條件就是要有熱情、積極和百折不撓的心態。倘若一個人常保積極心態，勇敢面對人生、接受各種挑戰，必然會擁有與眾不同的人生。

作家愛默生（Ralph Waldo Emerson）曾說：「一個人如果缺乏熱情，是不可能有所建樹的。熱情如同糨糊，讓你緊緊貼住艱困的場合，讓你堅持到底。在別人說你『不行』時，發自內心地喊出『我行』」。

麥當勞創辦人雷・克洛克（Ray Kroc）的經歷有力地證明了這一點。克洛克的前半生，可說一直與機會擦肩而過，總是面臨不順和挫折。

克洛克出生時，轟轟烈烈的西部淘金運動業已結束，他錯過了一個能夠發財的時代。到了一九三一年，當他準備上大學時，又因為爆發了席捲全美的經濟大蕭條，而不得不輟學從事房地產銷售。正當房地產生意剛有起色之時，第二次世界大戰爆發了，人們紛紛逃離城市，導致房價急轉直下，被迫遭遇「竹籃打水一場空」的結局。

在這之後有很長一段時間，克洛克到處求職。他曾做過救護車司機、鋼琴演奏員和攪拌器推銷員，但都非常不順。他歷經多次失敗，甚至差點破產。然而，克洛克沒有被種種磨難擊倒，仍然熱情不減，毫不氣餒。

一九五五年，闖蕩了大半輩子卻毫無所獲的克洛克，兩手空空地回到了老家，賣掉家中僅有的一份小產業，開始做生意。經過一段時間的觀察，他發現理察．麥當勞和莫里斯．麥當勞兄弟創辦的餐廳生意門庭若市，在與麥當勞兄弟的深度溝通後，克洛克覺得這一行大有前景，認為這是一個足以改變美國傳統餐飲業的嶄新商業模式。

此時，克洛克已經五十二歲了，卻充滿十足的幹勁。他心中燃起了一個夢想，要將麥當勞開到美國各州，讓那個金黃色的「M」形拱門標誌出現在美國的所有城市。他決心從頭做起，而到這家餐廳打工、學做漢堡。

之後，克洛克說服了麥當勞兄弟，成為麥當勞特許經營的代理商，獲得加州和亞利桑那州以外的全國經營權。到了一九六〇年，因為克洛克的苦心經營，麥當勞在全美開了二百二十八家分店，營業額達到三千七百八十萬美元。但他與麥當勞兄弟的經營理念出現了重大分歧，而難以繼續合作。此時，克洛克抓住機會，毫不猶豫地借了二百七十萬美元買下了整個麥當勞餐廳。

此後，經過幾十年苦心經營，麥當勞終於成為全球最大的漢堡速食公司，在全球擁有七萬多家連鎖店，成就了一個商業神話。

談到自身的成功經驗，克洛克特別提了一點：「我學會了如何不被難題壓垮，我既不願意同時為兩件事情操心，也不想讓某個難題，不管它有多麼重要，影響到我的睡眠。因為，我很清楚若不這樣做，就無法保持清醒的頭腦應付隔天早晨的來客。」

拿破崙．希爾說，一個人能否成功，關鍵在於心態。成功人士與失敗人士的最大差別，就在於前者擁有十足的積極性和熱情。

熱情，不等於盲目的樂觀，而是一種生活態度，一種發自內心的信念。面對無所不在的磨難，關鍵就在於用什麼樣的心態去面對。積極會帶來熱情，讓你充滿力量，樂此不疲地去創造財富和事業，獲得想要的成功和幸福；而消極則讓你情緒低落，無視生命中有意義的事物，感覺生活乏味，對將來感到失望，最終與成功的機遇失之交臂。

「你要麼去駕馭生命，要麼被生命駕馭。心態將決定誰是坐騎，誰是騎師。」命運掌握在你自己手上。心態決定思想，思想決定行為，行為決定習慣，習慣決定性格，性格決定命運。擁有良好的心態，永遠保持熱情，你就有可能開創屬於自己的一片天空！

達維多夫定律

敢爲人先，終能成就自我

達維多夫定律是俄羅斯心理學家達維多夫（Vasily Davydov）提出的。定律的內容是，沒有創新精神的人永遠都只能是一個執行者，而只有率先開拓的人才最有資格成為真正的先驅者。強調創新精神之於每個人的重要性。

有人曾做過一項有趣的實驗：把六隻蜜蜂和同樣數量的蒼蠅裝進一支玻璃瓶中，然後將瓶子平放且瓶底朝向窗戶，觀察會發生什麼情況。想不到，蜜蜂不停地在瓶底找到出口，直到一隻隻力竭倒斃或餓死；而蒼蠅卻在不到兩分鐘以內找到瓶口逃生。

蜜蜂正是因為對光亮的過度執著，才走上了滅亡之路。反之，蒼蠅對光亮毫不在意，故唯一的意識便是逃命。於是，在四下亂飛之際，歪打正著地碰上了活命出口。

所以，面對瞬息萬變的世界，唯有張開雙臂，全心投入時代流向，學會用不同的方式進行創造性思考，才能解決實際問題，保持不竭的生命力。

有一個牧童名叫約瑟夫．格利登（Joseph F. Glidden），他的工作就是每天把羊群趕到牧場，並監視羊群，避免牠們越過鐵絲網到相鄰的菜園偷吃菜。然而，有一天約瑟夫實在太累了，不小心在牧場上睡著了。不久他被一陣怒罵聲驚醒，只見老闆怒目圓睜地大吼：「你這個沒用的東西，菜園被羊群弄得一塌糊塗了，你還在這裡睡大覺！」約瑟夫嚇壞了，只能低頭任憑老闆斥罵。

事後，機靈的約瑟夫一直想找到不讓羊群越過鐵絲網的方法。後來，他發現牧場上明明有一片不牢靠的鐵絲網，但羊群卻從來不靠近。原來那邊長滿了玫瑰花，而羊群害怕玫瑰花上的刺。牧童靈機一動，高興地跳了起來。

他找來一些鐵絲，將鐵絲剪成五公厘左右的小段後，結在鐵絲上當刺。後來，儘管羊群也曾試圖越過鐵絲網去菜園，卻在每次被刺疼後驚恐退回來。久而久之，羊群再也不敢越過去了。不久後，約瑟夫申請了這項專利並獲得批准。此後，這種帶刺的鐵絲網便風行全世界。

創新往往來自不經意之間，這也是達維多夫定律中的重要提醒。以企業來說，倘若企業中的「蜜蜂」們不去努力創新，只能在「玻璃牆」前團團轉，阻礙企業發展之餘，也失去了創新活力，招致失敗的命運。

美國加州聖地牙哥的艾爾・柯齊酒店（El Cortez Hotel）由於電梯老舊，無法正常使用。於是，管理者請來了多位專家商量對策。專家們一致認定必須再安裝一部電梯，但這勢必得在每層樓打一個大洞，同時在地下室多裝一個馬達。

解決方案確定之後，幾位專家到前廳坐下來商談細節問題。這時，一位低頭掃地的清潔工恰好聽到了這個計畫，而忍不住對他們說：「每層樓都打個大洞，室內不就會被搞得亂七八糟，塵土飛揚嗎？」

專家答道：「這也是沒辦法的事。到時候還請多多幫忙。」

清潔工又說：「我看，你們動工時最好把酒店關閉一段時間。」

「不能關，這樣別人會以為酒店倒閉了。所以，我們打算邊動工邊營業。如果不多添一部電梯，酒店以後很難維持下去。」

清潔工挺直腰杆，不可一世地說：「我若是你，就會把電梯裝在酒店外頭。」

簡直是一語驚醒夢中人，兩位專家眼前一亮，聽從了清潔工的建議，將電梯安裝在室外，並於一九五六年正式啟用，此舉不但創造了近代建築史的新紀錄，也為飯店省下了一大筆支出。

或許有人認為創新太難，其實不然，人人都具備創造力，只要願意破除自縛手腳的既有框架，多方嘗試換位思考，必定能最大限度地發揮自身潛能。

本章總複習

- **鐘擺效應**：當情緒正向擺動強烈時，內心往負向擺動的力道也就越大，進而對人對己造成巨大的傷害。
- **相關定律**：努力培養洞察事物之間相關性的能力，抓住事物和問題的關鍵，尋找解決問題的突破口。
- **皮爾斯定理**：只有正確的認識自己，才能不斷調整、充實自我。
- **杜利奧定理**：沒有什麼比失去熱忱更讓人灰心洩氣了。如果一個人精神狀態不佳，一切都將處於不佳狀態。
- **達維多夫定律**：創新來自不經意之間。

CHAPTER 06

期望定律

Law of Expectation

貼什麼樣的標籤，就會形塑出什麼樣的人

當我們對某件事情有足夠強烈的期望時，
所期望的結果就會出現。
讚美和期待具有強大和超乎想像的能量，
足以改變一個人的想法和行為，
甚至激發人的潛能。

期望定律

希望種子的神奇力量

美國著名的心理學家羅森塔爾（Robert Rosenthal）在一九六六年設計了一系列實驗，希望證明實驗者的偏見會影響研究結果。其中一項研究是，羅森塔爾要求老師對學生進行智力測驗。

然後他提供了一份名單給老師，說上面學生很有潛力，成績有望得到改善。但事實上，這份名單只是羅森塔爾隨機挑選的，他們與其他學生並無明顯的不同。

但是，到了學期末，再次讓學生進行測驗後，出現了令人稱奇的結果，名單上的學生成績明顯優於第一次測驗的結果。羅森塔爾認為，其中的原因是老師相信了這些學生很有潛力，而在教學過程中給予特別關照，從而改善了他們的成績。這就是有名的「期望定律」或稱「畢馬龍效應」（Pygmalion effect）。

換言之，所謂期望定律，意指當我們對某件事情有足夠強烈的期望時，所期望的結果就會出現。或者，也可以理解為「說你行，你就行，不行也行；說你不行，你就不行，行也不行」。

關於這個定律，有一個美麗的神話傳說。

賽普勒斯國王畢馬龍不喜歡凡間的女子，決定永不結婚。他用高超的雕刻技藝雕琢了一座美麗的象牙少女像，在長期的雕刻過程中，畢馬龍把全部的精力、熱情和愛戀都賦予了這座他起名為加拉泰亞的雕像。他像對待自己的妻子一樣撫愛她，裝扮她，向神乞求讓她成為自己的妻子。最終，愛神被他打動，賜予了雕像生命，並讓他們結為夫妻。

故事雖然虛無縹緲，但所傳達的意念卻是現實存在的。期望定律的核心在於，讚美和期待具有強大和超乎想像的能量，足以改變一個人的想法和行為，甚至激發人的潛能。一個人得到別人的肯定和讚賞後，會獲得一種積極的動力，為了不讓對方失望，會更加努力地發揮自己的優勢，盡力達成對方的期望；相反，如果一個人只得到別人的否定，則容易陷入自暴自棄，往消極發展。

美國著名的人際關係學大師卡內基（Dale Carnegie），幼年時也曾因為他人的肯定而脫胎換骨。

在卡內基很小的時候，母親便去世了。卡內基九歲時，父親再婚了。繼母剛進家門的那天，父親這樣向她介紹卡內基：「妳要好好提防這孩子，他可是鎮上公認的壞孩子，說不定哪天會做出讓妳頭痛的事情。」

卡內基心中本來就對繼母充滿抵觸，聽到父親這樣說，除了惱火，心裡更升起對繼母的厭惡感。他本以為繼母會因此疏遠他，結果繼母卻做出意料外的舉動。繼母笑著走到卡內基面前，輕輕撫摸他的頭，責怪丈夫：「你怎麼能這麼說呢？你看看，他這麼可愛怎麼會是鎮上最壞的孩子呢？他應該是鎮上最聰明、最快樂的孩子才對。」

卡內基被繼母的話深深感動了，從來沒有人這樣誇過他，即使是還母親在世時。因為這句話，卡內基和繼母建立了良好的友誼。這句話也激勵他不斷為了夢想而努力，促使他日後打造出以提升人際溝通和處理壓力技巧為宗旨的「卡內基訓練」，幫助成千上萬的普通人走上了成功之路。

卡內基後來說過：「當我們想改變別人的時候，為什麼不用讚美代替責備呢？縱然下屬只有一點點進步，我們也應該用讚美來激勵他不斷自我提升。」這一句話正是來自他成長經歷中的體會。

美國心理學家威廉．詹姆斯（William James）曾說過：「人性最深切的渴望就是獲得他人的讚賞，這是人類有別於動物的地方。」

正如華盛頓總統喜歡別人熱情地稱呼他「美國總統閣下」；莎士比亞千方百計想為家族贏得一枚榮譽勳章；雨果希望有一天巴黎能改名為雨果市……無論是名流貴胄，亦或普通路人，人人都渴望得到他人的尊重和讚美，這是人性最深刻的渴求。受到熱情地期待和肯定，才算得償所願。

期望定律是一種心靈力量，一種信念。所以，當你對他人有所期待時，不妨直接給予鼓勵吧，對方極有可能成為你所期望的模樣。同樣，當你對自己沒信心時，也給自己一些肯定和期待吧，給自己信心和勇氣，朝目標不斷前進，取得難以置信的進步。

從前，美國某間園藝所在報社刊登了一則重金徵求純白金盞花的啟事。高額的獎金讓許多人趨之若鶩。然而，事實卻很殘酷，在千姿百態的自然界中，金盞花除了金色就只有棕色，唯獨沒有純白的。很快地，那些為了高額賞金熱血沸騰過一陣子的人將那則啟事拋諸腦後了。不料，二十年後，那家園藝所竟意外收到了一封熱情的應徵信和一粒純白金盞花的種子。寄件者是一位年已古稀的老人。

他是一位道地的愛花人。自從二十年前偶然看到那則啟事後便怦然心動。從此展開培育純白金盞花的艱苦歷程。他先撒下最普通的金盞花種子，一年後，從盛開的花朵中挑選一朵顏色最淡的花，任其自然枯萎，最終收穫種子。

第二年，再將這顆種子種下去。接著再中挑選出顏色更淡的種子栽種……如此周而復始，年復一年，終於培育出顏色如銀如雪的白色金盞花。

是什麼讓這名老人克服了連專家都解決不了的問題？不是奇跡，而是源自一份期待，一份美好的冀望，一份培育出希望之花的堅持，而這也是期望定律的本質。

開利公式

接受最壞的，追求最好的

開利公式，又稱為萬靈公式，意指唯有強迫自己面對最壞的情況，有了心理打算，才能專注於解決問題。這是由現代空調之父——威利斯．開利（Willis Haviland）根據親身經歷提出的。

開利年輕時曾在紐約的水牛城鍛造公司擔任工程師，有一次，他去密蘇里州安裝一架瓦斯清潔機。好不容易安裝好機器，卻只是勉強堪用，距離公司保證的品質還差很遠。開利對自己的失敗十分懊惱，思考著該怎麼改進，直到深夜也無法入睡。後來，開利意識到，光是懊惱並無法解決問題。於是，為自己做了下面的心理建設：

一、設想可能發生的最壞情況——最壞不過是自己被革職，而老闆把整座機器拆掉，損失二萬美元的機器生產成本。

二、讓自己接受最壞情況——開利為自己打氣：「沒關係，如果我因此失去工作，再重找一個就好了；而老闆也知道我嘗試了一種全新的方法，這是一項試驗，他完全可以把二萬美元的嘗試算到研究費用裡面，所以不算損失。」

三、有了前二項的心理準備後，冷靜下來，開始專注於解決問題——經過幾次嘗試後，開利發現，只要再花五千美元加裝一些設備，問題就能妥善解決了。最後公司採納了他的意見，不但沒有損失之前投入的二萬美元，還改善了機器製造。

以上即為開利公式，如果你有了煩惱，可以按照上面三步流程去做：先問自己，可能發生什麼最壞的情況、接受最壞的情況，並鎮定地想辦法改善最壞的情況。只要照做，你將發現結果常常出人意料，而問題通常也能得到解決。

在美國，曾流傳過一則家喻戶曉的徵兵廣告。其內容風趣幽默又極富智慧，內容如下：

來當兵吧！當兵其實不可怕。入伍後，你無非有兩種可能：有戰爭或沒戰爭，沒戰爭有啥可怕的？

萬一戰爭爆發又有兩種可能：上前線或不上前線，不上前線有啥可怕的？

上前線又有兩種可能：受傷或不受傷，不受傷有啥可怕的？

受傷後又有兩種可能：輕傷或重傷，輕傷有啥可怕的？

重傷後又有兩種可能：可治好和治不好，可治好有啥可怕的？治不好更不可怕，因為你已經死了。

這則廣告發布後，效果十分明顯，一舉改變了死氣沉沉的徵兵景況，眾多青年踴躍應徵。這份別出心裁的徵兵廣告出自一位著名心理學家之手，這其中就運用到了開利公式。

有一位記者詢問這位心理學家，為什麼這則廣告會如此打動人？心理學家解釋：「開利公式在文案中發揮了重要作用，當人們做好最壞的心理準備後，就比較能妥善應對可能發生的情況了，這樣反而有利於用積極的態度，促使事情向好的方向發展。只有無畏地面對最壞的結果，才能有效改變最壞的狀況。」

為了讓人更好理解，心理學家說了一個故事。

二戰期間，一艘日本潛艇意外擱淺在海灘上，很快就被美軍偵察機發現了。潛艇上的官兵看到美軍的偵察機，知道自己恐怕在劫難逃。也許幾分鐘後，就會有飛機來轟炸，屆時潛艇和人都將粉身碎骨。

驚慌失措的官兵，想不出任何脫險的方法，絕望的氣氛彌漫開來。此時，儘管艦長也束手無策，但憑藉超強的心理素質，他沒有慌亂，而是努力思考：潛艇暴露在美軍偵察機面前，官兵難免陷入恐懼，而恐懼中的人不可能想出好辦法。所以首先要消除他們的恐懼，才有可能脫險。

於是，艦長穩定了一下情緒，神態自若地抽起了香煙。官兵們見狀，覺得艦長都能在危急情況下抽煙了，必定有什麼克敵高招，很快跟著冷靜下來。

這時，艦長才號召大家一起動腦思考脫險的辦法。解決方案很快出現了，接著在艦長引導下，使擱淺的潛艇擺動起來，向深水區移動。終於在美軍的轟炸機來臨前，潛進了深海，逃脫被炸沉的危險。

人處於危險邊緣，只要冷靜下來，保持理性的思路，往往能爆發出驚人的智慧。我們面對事情時，要抱持破釜沉舟的精神，做出最壞的打算，才能有效地解決問題，走出困境。

改宗效應

傾聽反對者的聲音

改宗效應是美國社會心理學家哈樂德．西格爾提出的，他認為，當一個問題對某人十分重要時，如果他能使一個反對者改變意見，變得贊同自己，那他寧願要那個反對者，而不要一個贊同者。這是因為，在某人想盡辦法讓反對者改變觀點的過程中，通過和反對者辯論、博弈，交流，會讓人們覺得自己是有能力的，並產生極大的成就感。

有反對，有爭議，有異見，才能激盪出創意的火花，使意見交融，個人和團體也才能有所進益。在日常生活中，我們常能見到一些被人忽視或看不起的「好好先生」，只因為他們無法帶來挑戰、激起別人的成就感；而那些敢於堅持自身想法的人，往往會受到人們的尊重和重視。

「我們總是喜歡歷盡艱辛的征戰，卻鄙視不戰而勝的果實。」換言之，要做一個明智、有智慧的反對者，同時也要善於傾聽別人的反對意見。

世界知名的ＩＢＭ，其開拓者小托馬斯・沃森（Thomas Watson Jr）與眾不同的用人理念「用人才，不用奴才」，便有效地運用了這項理論。

一九五六年，創辦人老湯瑪斯・沃森去世，小沃森正式成為ＩＢＭ的掌舵者，在他執掌ＩＢＭ的期間，充分重視經營發展，使得公司始終保持迅猛的發展勢頭，並於一九六五年成功躋身全美十大企業，成為世界最大的電腦公司，至今依然是該領域的霸主。

小沃森非常崇敬真正有本事的人。在很小的時候，小沃森就認識公司一位前經理雷德・拉莫特（Red LaMotte），此人很有能力，幾乎認識公司上下所有人，對人亦能保持不偏不倚的看法。即使對象是老沃森，拉莫特也敢毫無顧忌地說出真正的看法，而面對小沃森，更是經常提出嚴厲的忠告。小沃森坦言，這位經理對他有極大的幫助，否則他會犯下更多錯誤。正因為小沃森欽佩正直而有才能的人，他才一步一步走向成熟，成為一名優秀的領導者。

小沃森在回憶錄中寫道：「我經常毫不猶豫地提拔那些我不喜歡的人。而那些討人喜歡的助手、經常與我一起外出釣魚的好友，則是我不會重用的人。我總是尋找那些精明強幹、愛挑毛病、言辭鋒利的人，他們才能幫我發現更多問題。安排這種人在我身邊工作，耐心聽取他們的意見，我能取得的成就是無限的。」

IBM有位部門經理叫伯肯斯托克（James Birkenstock），他的好友柯克（John Cocke）原本是公司的第二把交椅。柯克是小沃森的對頭，在柯克去世後，伯肯斯托克認為小沃森肯定容不下他，而打定了辭職的主意，甚至經常故意挑小沃森的毛病。出乎意料的是，小沃森沒有生氣，認為伯肯斯托克是難得的人才，只不過性格桀驁不馴而已。為了公司考慮，小沃森盡力挽留伯肯斯托克。後來，也由於他們兩人攜手努力，才使IBM在面臨經營危機時免於滅頂之災，走向更大的成功。

小沃森後來回憶說：「在柯克死後，盡力挽留伯肯斯托克，是我人生中採取過最出色的行動之一。」

曾任IBM董事會主席的利爾森（Vincent Learson）也是小沃森十分看重的人。當他準備提拔利爾森時，收到了一封信。寫信人說，他向利爾森租了一棟房子，卻在修復破裂水管等的費用上發生了爭執，利爾森要起訴他。小沃森立刻去找利爾森談話，調解雙方的紛爭。第二年，利爾森受命主持一個大型推銷計畫，最後成績顯著，不負小沃森的提拔。於是，小沃森又提名他接任IBM的董事會主席。

小沃森一生都很尊重有真才實學的人，並敢於任用那些提反對意見的人，也會關心愛護那些有才華卻也有缺點的人。正是這樣不拘一格任用人才的開放策略，IBM公司人才濟濟，數十年來始終能屹立於潮流之巔，也在業界備受好評。

相對地，小沃森很討厭他父親老沃森周圍那種趨炎附勢、逢迎拍馬的氣氛。從他還在當推銷員的時候，就注意身邊有哪些人對父親的話惟命是從、逢迎馬屁。對這些人，他一有機會就出手整治，而且毫不手軟。

他曾直接了當地說：「如果一個人不願意理直氣壯地捍衛自己的權利和利益，那我也不願意和他一起共事，他不可能留在我的公司裡。」

這是小沃森一向堅持的原則，他討厭惟命是從、充滿奴性的人，他認為這種人缺乏獨立的人格和自我尊嚴，要麼毫無才能，要麼就是別有用心，最起碼，不是一個正直的人，他向來不屑與這種人為伍。

路西法效應

全面而準確地認識他人

路西法效應（the Lucifer effect）意指對一個人或事物的某項特徵有不好的印象時，便會推及其他，降低對這個人或事物的整體評價。這是由菲利普·金巴多（Philip Zimbardo）在其著作《路西法效應：在善惡的邊緣了解人性》提出的。從心理學的角度來看，這是一種極端、片面又偏執的人格表現。

路西法效應與光環效應（Halo effect）是相對的。所謂光環效應，意指看到一個人的好處或優點，就會認為這個人的一切都很好；看到一個人的某項決定是正確的，就堅信他的其他決定也不會錯。

將兩種心理效應放在一起看，我們可以領略一些人際交往和管理方面的重要提醒。比如要真實、全面性地評價他人，而且還要學會包容他人，不因為一丁點過錯就全盤否定他人。

一八六一年，美國總統林肯宣布廢除黑人奴隸制度，而導致了南北戰爭爆發。在戰爭剛開始時，儘管林肯擁有北方民心支持，但在軍事方面卻接連失利——南方擁護奴隸制度的叛軍取得了一場又一場的勝利，甚至直逼首都華盛頓了。

南方軍隊的勝利，源於當時匆促成立的南方聯邦知人善任，以羅伯特·李（Robert Edward Lee）將軍為總司令。而將軍任命的一些將領，雖然身上不乏大大小小的缺點，但是每一位都各有所長。李將軍善用他們的長處，讓每個人的才能都得到了充分的發揮。

反觀北方政府在用人上則再三出現失誤。林肯最初任用的幾名將領，都沒有什麼重大缺點，結果通通被李將軍手下擁有「一技之長」的將領打敗了，北軍甚至前後換了三次總司令都無法扭轉戰局，讓美利堅合眾國面臨重大危機。

當時有人開玩笑說，「南方一群有缺點的將軍打敗了北方的一群沒有缺點的將軍」。

面對岌岌可危的局面，林肯痛定思痛，最終於一八六四年四月，大膽啟用了有著明顯缺點的「酒鬼將軍」尤利西斯・格蘭特（Ulysses S Grant）為北軍總司令。

很多人反對這項任命，認為格蘭特酗酒貪杯，難以擔當大任。但林肯卻看到格蘭特將軍的所長——善於把握戰爭全域，作戰指揮堅決而果斷，強調要不惜代價主動進攻。林肯認為，這樣的統帥能夠扭轉北軍當前面臨的困局。

格蘭特將軍不負所望，上任後僅用了一年時間，就攻佔了叛軍首都里奇蒙，打敗了曾經戰無不勝的南軍，並於之後的阿波馬托克斯戰役中迫使李將軍投降，贏得了南北戰爭的勝利。他本人也因此獲得了「無敵尤利西斯」的稱號。在一八六九年，格蘭特將軍還因為崇高的威望，登上了美國第十八任的總統寶座。

在一般人的認識裡，好酒貪杯的格蘭特將軍並不適合擔任總司令，因為喝酒容易誤事。但事情皆有兩面性，以將軍來說，其首要職責就帶領士兵打勝仗，一個不能打勝仗的將軍，即使再守紀律，也不是一名好將軍。

林肯因為意識到這一點，才大膽啟用了格蘭特將軍，這種全面且公正地識別人才的長處與短處的用人原則，才能使其發揮所長。

林肯敢於任用有重大缺點的格蘭特將軍，最終打贏了南北戰爭，這件事被當代管理學大師彼得・杜拉克（Peter Drucker）作為案例收錄進其著作《杜拉克談高效能的5個習慣》中，備受推崇。

杜拉克分析說，用人應該用其所長，而非緊盯著缺點不放，故選拔人才時最忌諱苛求完美。由此，他總結出高效管理者用人的四大原則：

一、別把職位設計成嚴苛到只有上帝才能勝任。

二、職位的要求要嚴格，涵蓋要廣，但不要太具體。

三、先考慮所用之人能做什麼，而非職位要求做什麼。

四、用人所長，也要容人所短。

可以說，無論是工作上或日常生活中，這四大原則都很值得我們多方參考運用。

麥穗理論

不求最好，只求最適合

有一次，希臘大哲學家蘇格拉底的三名弟子來請教老師，如何才能找到理想的伴侶。於是，蘇格拉底帶著他們來到麥田邊，要求他們每人從中摘一支自認為最大的麥穗，並提出了一個要求：只能摘一支，而且不能走回頭路。

三名弟子展現了三種不同的態度：

第一位弟子走沒幾步，就迫不及待摘了一支自認最大的，才發現前面還有更多更大的麥穗。

第二位弟子一直東看西看，左比較右比較，一直走到終點，才發現自己錯過了最大的麥穗。

第三位弟子比較精明，根據長度將麥田等分成三段，走到第一段時，只看不摘，決定麥穗的大小標準；走到第二段時，驗證前面的標準；走到最後一段時，摘了其中最大的一支麥穗。

那麼，三名弟子中，誰選到了最大的麥穗呢？其實，結果與最大或最小沒有太大關係，只要自己滿意就好。第一名弟子下手太早，自認選擇了最大的而沾沾自喜，卻在看到後面更飽滿的麥穗後懊悔了，但為時已晚；第二名弟子顧慮太多，挑來揀去，總覺得最大的麥穗會在後面，始終沒有勇氣下手去摘，等到了盡頭才發現沒有機會了，只能隨便摘一支；第三名弟子分門別類地層層篩選，看似會選擇到最大的，但是請別忘記，現實中大多時候不會給你太多考慮和選擇的時間。

所以，不要試圖選出整塊麥田中最飽滿的那支麥穗，那太難實現了。視線範圍內自己最滿意的那一支，就是最佳選擇。

若要將麥穗理論套用到實際生活中，即為「不求最好的，但求最合適的」。

無論是生活或工作，任何一個問題從來不存在最佳解答，只有最滿意或者相對滿意的解答。我們不可能任何事情都尋求最好結果，只要最適合就好。關於此點，可以從愛因斯坦放棄總統職位的故事來獲得啟發。

一九五二年十一月九日，愛因斯坦的老朋友、以色列首任總統魏茨曼（Chaim Azriel Weizmann）逝世。在此之前的一天，愛因斯坦就收到以色列總理本—古里安（David Ben-Gurion）寄來的一封信，信中言辭懇切地邀請他出任以色列總統。

當晚，媒體記者聽聞消息後，紛紛打電話給愛因斯坦確認：「聽說以色列邀請您出任總統，您會接受嗎？」愛因斯坦堅決回應：「不會接受，我當不了總統。」

剛放下電話，以色列駐華盛頓大使又打來了，他問道：「您好，我是奉以色列總理本—古里安的指示，想請問若提名您當總統候選人，您願意接受嗎？」愛因斯坦依然拒絕：「大使先生，關於自然，我懂一點，關於人，我近乎一無所知。這樣的人，怎麼能勝任總統呢？」

大使繼續勸說：「已故總統魏茨曼也曾經是一名教授，相信您一定能勝任的。」愛因斯坦顯然很瞭解這位故友，他說：「哦，不一樣，魏茨曼和我完全不同。他行，但我不行。」

後來，愛因斯坦又在報紙上發表聲明，正式謝絕出任以色列總統。他說：「我一生都在和客觀世界打交道，因而缺乏天生的才智，又缺乏處理行政事務的經驗和公正對待他人的美德。所以，我不適合這個職位……方程對我來說更重要，因為政治處理當前狀態，而方程卻屬於永恆之物。」

愛因斯坦是猶太人，能當上世界上唯一以猶太人為主體的國家總統，是一件多麼榮幸的事啊！但是，愛因斯坦卻拒絕了這份邀請，選擇了最合適自己的道路。

事實證明，他的選擇完全正確，因為專注於科學研究，致力於實現自己的人生價值：一九九九年，愛因斯坦被美國《時代》雜誌評選為「世紀偉人」。二〇〇九年十月四日，受到諾貝爾評選為「一九二一年物理學獎得主」愛因斯坦為諾貝爾獎百餘年史上最受尊崇的三位獲獎者之一。其他兩位分別是一九六四年的和平獎得主馬丁・路德，以及一九七九年的和平獎得主德雷莎修女。

試想一下，如果愛因斯坦選擇去當以色列總統，施展他不熟練的政治手段，想來不會在政界有太高的成就，世界上也會因此少了一位偉大的科學家。

麥穗理論告訴我們，要去釐清最適合自己的是什麼，如何發展自己的長處，在面臨選擇時，精準評估自身優勢，做出最適合自己的選擇，才能揮灑自己的獨特價值。

本章總複習

- **期望定律**：說你行，你就行，不行也行；說你不行，你就不行，行也變不行。
- **開利公式**：強迫自己面對最壞的情況，有了心理打算，才能專注解決問題。
- **改宗效應**：要做一個明智、有智慧的反對者，同時也要善於傾聽別人的反對意見。
- **路西法效應**：用人所長，也要容人所短。
- **麥穗理論**：釐清最適合自己的是什麼，如何發展自己的長處，在面臨選擇時，精準評估自身優勢，做出最適合自己的選擇。

CHAPTER 07

骨牌效應

Domino Effect

失敗或成功都是連鎖發生的

牽一髮而動全身，倘若第一步出錯，
急有可能將事情一步一步地推性不可挽回的境地。
反之，做好第一步，
也足以推動更多好事情出現，產生正向的能量循環。

骨牌效應

牽一髮而動全身的連鎖反應

骨牌效應（Domino effect）源於多米諾骨牌遊戲（Dominoes）：將骨牌按照一定的間距排列成行，只要用手輕輕碰倒最前面的第一枚骨牌，後面其他的骨牌就會產生連鎖反應，依次倒下。

這個遊戲讓我們知道，在一個相互聯繫的系統中，一個很小的初始力量能引起的或許只是難以察覺的漸變，但卻會由此產生一系列的連鎖反應，最終帶來翻天覆地的變化。第一根掉落的頭髮，放在馬匹身上的第一根稻草，看似無足輕重，但是日積月累下來，最後就會導致頭髮掉光，馬匹不堪重負而倒下。在影響世界歷史的經濟大蕭條背後，就有多米諾骨牌效應的影子。

第一次世界大戰後不久，美國經濟逐漸繁榮起來，創造了世界經濟史上的奇跡，人們的價值觀念在這一時期也發生了巨大的變化，人人都夢想發財致富，投機活動風行，享樂主義大行其道，社會風氣浮躁奢靡。

然而，繁榮造就的黃金時期並不完美，其背後潛伏著深刻的矛盾和危機。農業沒能從戰後的蕭條中恢復過來，農民始終徘徊在貧困線上，購買力嚴重不足，大批農場紛紛破產；工業增長不均衡，一些新興的工業部門興盛，而採礦、造船等老工業則不見增長，甚至紡織、皮革行業還出現了減產；併購現象越來越嚴重，社會財富逐漸集中到少數人手中。

由於社會財富的大量集中，導致社會整體購買力嚴重不足，經濟運行過程中，商品增加和資本輸出困難，進一步引發了生產和資本過剩。雖然金融巨頭們藉由投機獲得了高額利潤，但他們賺取的大部分資金並沒有再度投入生產部門，而是流向投資報酬率更高的證券市場。於是，股市出現了欣欣向榮的景象，道瓊指數從一九二一年的七十五點升到一九二九年頂峰時的三百六十三點，平均年增長率高達二一・八%，堪稱「恐怖的」增長速度。

一九二九年九月二十六日，為保護英鎊在國際匯兌中的地位、限制黃金外流，英格蘭銀行宣布，將貼現率和銀行利率提高六・五%；九月三十日，倫敦的投資者從紐約撤資數億美元，誘發美國股市大幅下跌。

一九二九年十月二十四日，美國華爾街迎來「黑色星期四」，股市突然暴跌，從頂峰跌入深淵，價格下跌之快連股票行情自動顯示器都跟不上。眾多財團和美國總統紛紛為救市而各出奇招，卻毫無用處，股民紛紛拋售手中持有的股票。二十八日，股市再次暴跌。

一九二九年十月二十九日，星期二，紐約股市暴跌到谷底，有人以「黑色星期二」來稱呼這一天。因為此後的一個星期，整個股市失去了高達一百億美元的財富，到了十一月十三日，損失攀升到三百億美元。然而，美國股票市場的崩潰並沒有到此結束，而是另一場經濟災難爆發前的火山口，也是被市場推倒的第一塊多米諾骨牌。

隨著股票市場崩潰，美國經濟陷入了全面的毀滅性災難中，可怕的連鎖反應在各行各業發生：瘋狂擠兌、銀行倒閉、工廠關門、工人失業、貧困來臨，所有民生經濟損失慘重。三年內，有五千家銀行倒閉，至少十三萬家企業關門，汽車工業下降了九五%。到一九三三年時，工業總產量和國民收入暴跌了近一半，商品批發價格下跌了近三分之一，商品貿易下降了三分之二以上；失業人口將近全國勞工總數的四分之一。

更可怕的是，這場罕見的經濟危機很快從美國蔓延到了其他工業國家，造成了大多數資本主義國家持續四年的大蕭條，無數人輾轉、掙扎在破產和饑餓的邊緣。

鑒於這次經濟大蕭條在世界範圍內造成了極大的影響。美國的金融公司開始大量收回在國外的短期貸款，一九三一年五月，維也納最大、最有聲譽的奧地利信貸銀行宣布已無清償能力，消息一出就在歐洲大陸上引起了恐慌，緊接著，德國的多間銀行也陸續宣布了類似的消息。一九三一年九月，英國放棄了金本位制。兩年後，美國和其他大國幾乎都放棄了金本位制。

經濟大蕭條也產生了深刻的政治影響。在美國，出現了贊成專家治國的反資本主義運動、靜坐罷工的農場假日運動等，促進了羅斯福實施新政。在英國，工黨自一九二九年六月開始執政，向不斷增加的失業者發放救濟金，導致財政匱乏。終於，一九三一年八月，首相麥克唐納宣布解散他所領導的工黨政府。在德國，由於希特勒解決了失業問題，有越來越多德國人擁護他，卻沒料到他最終會將德國領上了軍國主義的侵略之路。一個又一個的危機最終引發了第二次世界大戰。

牽一髮而動全身，有了開頭的一件事情，經過中間一系列的演變，將事件一步一步地推入不可收拾的境地。不過，多米諾骨牌效應其實也有積極面的影響力，比如做好一件恰當的事情，其產生的能量，足以推動更多好事情出現，產生正向循環的能量。

海勒法則

沒有監督，就沒有動力

海勒法則是由英國管理學家羅伯特・海勒（Robert Heller）所提出，主旨是「欠缺有效的督促，就沒有工作的動力」，意即當人們知道自己的工作表現有人監督時，才會加倍努力工作。

在現代企業經營中，企業不僅要建立有效的激勵制度，還必須有對應的監督制度。激勵制度能有效加強員工有的工作熱忱，但光是激勵也不夠，還要輔以有效的監督，才能讓員工「動」起來。這種監督加激勵的方式，就是管理者手中最有效的指揮棒，能有效引導員工投入工作當中。

人都有惰性，管理的本質就是要督促人對抗自身的惰性，同時激發更大的工作熱情。一方面，上司經常往下看，會給基層員工一種監督的壓力，敦促他們努力工作；另一方面，人都有被尊重的需要，尤其是來自上司的肯定，當你能滿足這種需要時，員工會更願意為你去做事。

世界知名的大公司，各有其與眾不同的員工激勵制度。

例如，著名的連鎖速食企業麥當勞便實行「走動式管理」，不讓管理者躺在舒適的靠椅上對下屬指手畫腳，浪費太多寶貴時間在閒聊上，而是在公司內到處走動，和員工接觸並進行監督，適時地給予激勵。唯有管理者走下去，才能知道誰在工作，誰在偷懶，對員工有更直接的認識。另外，當管理者向員工請教問題時，員工也有被尊敬和重視的感受，充滿自信地陳述，展現自身技能，進而增加對工作的熱忱。

為了妥善監督員工，同樣身為速食業巨頭的肯德基，則施行一種神秘顧客訪問法（Mystery shopping）。

一次，上海肯德基有限公司收到三份總公司寄來的文件，對外灘分店的工作品質進行了三次鑒定評分，分別為八十三分、八十五分、八十八分。上海分公司的負責人詫異萬分，納悶這三個分數是怎麼評定出來的？這就不得不說肯德基在遍布全球六十多個國家，超過九千九百多家門市使用的有效監督方法——神祕顧客訪問法了。

作法是安排隱藏身份的研究人員，以普通消費者的身份，到企業所屬的各家門市去體驗特定服務或者消費特定商品，通過實地觀察來瞭解產品的受歡迎程度、門市經營狀況、服務和管理方面是否存在問題，測試公司的服務水準和銷售狀況等。

作為一個全球化的跨國公司，肯德基將神祕顧客訪問法作為一種績效考評工具，這個作法不是從創立之初就有的，而是隨著企業不斷發展，門市不斷增多，在日益激烈的市場競爭下所產生的制度。

為此，肯德基會招募一些整體水準比較高，但是與肯德基沒有任何工作關係的人，透過一定的培訓，讓他們瞭解肯德基在產品品質、服務態度、衛生清潔等各方面的標準，進而去監督各家門市的具體執行情況。

之所以稱為神祕顧客，是因為餐廳員工根本不知道此人是誰，什麼時候來，什麼時候走。他或她會完全以普通顧客的身份光臨門市，從普通顧客的角度認真考查餐廳環境是否清潔、食物品質是否達標、人員服務是否到位、設備運行是否正常。考查完畢後，則填寫一份檢測報告，二十四小時內，門市便會收到這份報告，而且報告還會同時分發給總公司、分公司、區域經理、區經理。如果報告上的分數未到及格線，該門市就必須立刻進行調整。

這個稱作「CHAMPS」的檢測，與所有門市人員的利益切身相關，首先是績效，例如，若檢測沒有達標，值班經理的當月績效就會不及格，而當月績效會影響年績效，年績效會影響薪資，年績效兩次不合格就會被辭退。另外，如果服務員被神祕顧客扣分，便會被要求重新培訓；如果被扣分多次，就會調離崗位，直至被辭退。同樣，如果每次評分都高，績效表現自然優秀，薪資自然也比別人高。

正因為這個監督制度，肯德基旗下的門市工作人員才不敢掉以輕心或有所懈怠，在不知道神祕顧客是誰，而且隨時會出現的情況下，必然時時刻刻都要繃緊神經，對所有顧客一視同仁，認真招待，長期下來自然能養成自動執行標準的習慣。肯德基的標準化服務，因此推展的更加順利了。

高爾基（Maxim Gorky）曾說一句歷久彌新的話：「哪怕是對自己的一點小小的克制，也會使人變得強而有力。」有效的監督的確能促使人產生克制自己的心理動因，工作心態也會更加主動，讓個人發展與企業發展相得益彰，實現雙贏的結果。

刺蝟法則

保持距離，才更有美感

一個寒冷的冬天，兩隻刺蝟在寒風中瑟瑟發抖，為了取暖，牠們依偎在一起。然而，渾身的刺讓牠們緊挨在一起時，非但無法取暖，還會刺痛對方。兩隻刺蝟只好再度分開，但天氣又實在冷到不得不再度靠向對方。反覆折騰幾次後，牠們終於找到了一個恰到好處的距離，既能相互取暖，又不至於扎到對方。此即為刺蝟法則，強調人際往來中的「心理距離效應」。*

為了驗證，有人做過一個實驗：挑一間早晨剛開門的閱覽室中，在僅有一位讀者的情況下，心理學家會坐到他（她）旁邊來測試其反應。實驗一共測試了八十人，所有人的反應都揭示了一點，他們無法接受陌生人緊挨著自己坐下。面對坐在身旁的心理學家，有的人會默默走到別的地方坐下，有的人會乾脆問道：「你想幹什麼？」

由此可見，人和人之間需要保持一定的空間距離，讓身邊有一個屬於自我的私密空間，當這個空間被他人觸犯時，就會感到不舒服、不安全，甚至惱怒起來。因而，與人往來時，要保持適當的距離，太近或太遠都有可能讓對方不適。所謂：「親密並非無間，美好需要距離。」

距離產生美。聰明的人，會把握距離，使其成為一道美麗的風景。法國前總統戴高樂（Charles de Gaulle）就很擅長運用刺蝟法則來掌握人際關係。

＊編注：刺蝟法則源自德國哲學家叔本華（Arthur Schopenhauer）的著作《附錄與補遺》（Parerga and Paralipomena）中〈明喻、比喻和預言〉（Similes, Parables, and Fables）篇章提到的故事「刺蝟困境」（Hedgehog's dilemma）。

戴高樂有一句座右銘：「保持恰到好處的距離！」這點在他處理與顧問、參謀和智囊團的關係時，得到了充分的體現。

他任職法國總統的十多年間，從秘書處、辦公廳和私人參謀部等顧問和智囊機構的工作人員，沒有人能工作超過兩年。其實，這是戴高樂用人時的一個不成文規定。他會對每一位新上任的辦公廳主任說：「我只會用你兩年，正如人不能把參謀部的工作當成自己的職業，你也不能以辦公廳主任作為自己的職業。」

戴高樂之所以定下這項規定，一是受到軍隊影響，因為正常的軍隊需要不斷調動，不會始終固定在一個地方；二是他不想讓這些人變成自己「離不開的人」。

他認為，只有經常調動，才能保持一定的距離，保證顧問和參謀們的思考具有新鮮感，充滿朝氣。如此一來，身邊就不會存在那種自己忍不住依賴的人。此舉既能杜絕年深日久形成的人情關係及官僚作風，同時還能阻止顧問和參謀利用總統和政府的名義徇私舞弊。

這是令人深思和敬佩的作法。身為一名領導者，如果不和下屬保持距離感，過分依賴特定對象，很容易使身邊的人有機會干政，假借名義來謀私利，甚至把上司也拉下水。這種潛在後果不僅史不絕書，現實生活中也不少見。

十九世紀著名的黑格爾派美學家席勒（Friedrich Schiller）在《美育書簡》（*Über die ästhetische Erziehung des Menschen*）中提道：「我們只有隔著一定的距離才能看到美，距離本身能美化一切。」的確，人與人之間有必要保持適當的距離。在親人之間，適度的距離是尊重；在愛人之間，適度的距離是美感；在朋友之間，適度的距離是愛護；在同事之間，適度的距離是友好；在陌生人之間，適度的距離是禮貌。保持適度的距離不代表不與人交心，而是彼此尊重，給對方留下一小片隱密的空間，也給自己留一點緩和的餘地。

管理學上，領導人與員工保持一定的距離，是一種理想的管理狀態，既不會讓領導人高高在上，又不會混淆雙方的身份，致始命令無法完善執行。

奇異（GE）前總裁斯通便是在工作中奉行刺蝟理論的領導者。工作時間內，斯通毫不吝嗇自己對基層員工和中高層管理者的關愛；面對下屬，他會毫不藏私地引導、幫助順利解決問題。但工作之餘，他從不接受基層員工和管理者的私下邀約，不參加他們的聚會，也不在自己家裡宴客。

這種與員工保持適當距離的管理方式，形成了和諧而友好的工作關係，幫助奇異卓有成效地開展各項業務。這種距離既約束了領導人，也約束了員工，堪稱成功管理者的必備原則。

多看效應

要想別人記住你，就在人前多露臉

你是否有過這樣的感覺：當你身處在一群陌生人中間時，那個經常出現在你眼前的人會給你留下深刻的印象，慢慢地，你的目光總會被他（她）吸引，覺得他（她）比別人更讓你喜歡。這就是所謂的多看效應，或說重複曝光效應（Mere exposure effect）、簡單暴露效應等，是指一種對越熟悉的東西越喜歡的現象。

多看效應源自二十世紀六〇年代心理學家扎瓊克（Robert Zajonc）做過的一次實驗：他讓參加實驗的人觀看一些陌生人的照片。這些照片中，有的人出現了二十幾次，有的人出現了十幾次，而有的人只出現了一兩次。最後，他讓受試者評價自己喜歡的照片。結果證明，看到某張照片的次數越多，人們就越喜歡那張照片。他們更喜歡那些看過十幾二十次的照片，而非僅看過一兩次的。顯然，多看增加了喜歡的程度。

還有一個類似的實驗：心理學家在一所大學的女生宿舍裡，隨機選了幾間寢室發放不同口味的飲料，要求她們以品嘗飲料為理由，在幾個寢室之間互相走動，卻不允許說話。一段時間過後，心理學家針對她們之間熟悉和喜歡的程度進行了測試，結果發現，見面次數越多，相互喜歡的程度越大；反之，見面次數越少，相互喜歡的程度就越低。

多看效應不僅出現在心理學實驗中，日常生活中也隨處可見。例如，明星總是為了贏得人氣而想方設法增加曝光率，密集的曝光就能產生多看效應，讓更多人關注他們，喜歡他們，進一步提高知名度。

此外，我們經常在各種電影、電視劇中見到的置入性廣告，就利用了多看效應。所謂置入性廣告，意指把產品和服務中，具有代表性的品牌符號融入影視或舞臺作品，給觀眾留下深刻的印象，潛移默化地達到行銷目的。由於觀眾大多對硬性廣告有抵觸心理，而這種置入性廣告試圖將商品自然融入娛樂內容的做法，效果要好上許多。

不是所有置入性廣告都能輕易獲得觀眾認可，而是必須經過廣告人富於創意的思考包裝，以不破壞劇情和美感的前提下推出。故宣傳的商品一定要少而精，以及與場景匹配。得以在一片陌生場景中秀打出大眾熟悉的產品符號，並讓觀眾有種不經意發現彩蛋的感覺。好的置入性廣告，才能最大限度發揮多看效應的作用，讓觀眾更樂於接受，達到廣而告之的目的。

電影《史密斯任務》中就有這樣的經典置入性廣告。

這部由萬人迷布萊德．彼特與安吉莉娜．裘莉主演的動作片中，有一幕令人印象深刻的鏡頭：彼特用火箭筒炸毀了裘莉所在的棚子。萬幸的是，打開電腦，卻發現裡面的東西都還在——這就是一個精彩的置入性廣告，透過這一幕，人們記住了這個連火箭筒的威力都擋得住的電腦品牌「國際牌」

（Panasonic）。

電影中，國際牌電腦的廣告置入並不突兀，其宣傳點也和劇情極為契合。由於這是一部動作電影，充斥著飆車、爆炸、槍戰，以及用電腦做高科技破解、跟蹤等場面。所以這些場景一出現，就需要一部堅固耐用、抗震防摔、防塵防水的筆記型電腦，而國際牌筆電的理念正好與此相合，產品本身也不是簡單擺擺樣子。

而在現實中，歐美地區的員警、救援、軍事等經常需要戶外工作的部門，五〇%以上都配備了國際牌的堅固型筆電。有效傳達出「堅固」的概念，讓人們留下非常深刻的印象，而國際牌電腦儼然成為軍用型電腦的代名詞。

人與人的往來同理可證。一個人如果太過自我封閉，一面對他人就逃避和退縮，就會留下難以親近的印象，不討人喜歡。長久下來變成惡性循環，越封閉越不惹人喜歡，越不惹人喜歡就越封閉，甚至引發各種心理問題。

當然，想讓多看效應發揮作用，前提是你給別人的第一印象不能太差，否則反而弄巧成拙——見面次數越多，越惹人討厭。若是如此，就得先想辦法扭轉不好的印象，再來運用「多看效應」吧。如果第一印象還不錯，而且也想要有更好的進展，多出現在他人面前，就是一個簡單、有效的好辦法。

本章總複習

- **骨牌效應**：牽一髮而動全身，有了開頭的一件事情，經過中間一系列的演變，將事件一步一步地推入不可收拾的境地。
- **海勒法則**：當人們知道自己的工作表現有人監督時，才會加倍努力工作。
- **刺蝟法則**：距離產生美。聰明的人，會把握距離，使其成為一道美麗的風景。
- **多看效應**：想讓多看效應發揮作用，前提是你給別人的第一印象不能太差，否則反而弄巧成拙——見面次數越多，越惹人討厭。

CHAPTER 08

權威效應

Authoritative Effect

以理性的態度面對世界

「先相信自己，才能贏得他人信任。」
不迷信權威，讓頭腦始終保持清醒，
敢於質疑，才能成為不盲從輕信、具有獨立人格的人。

權威效應

打破盲從的幻象

所謂權威，在《現代漢語詞典》中，解釋為「使人信從的力量和威望」或「在某種範圍裡最有地位的人或事物」。

權威效應，又被稱為權威暗示效應，即一個人如果有很高的社會地位和威信，處處受人敬重，那他說的話和做的事就比較容易引起他人重視與信任，亦即「人微言輕，人貴言重」。

美國一位心理學家曾經做過一個實驗，從實驗分析中得出的兩種心理反應，恰恰是權威效應的最佳注解。在某次大學心理學系的課堂上，教師向學生介紹了一位從德國來的著名化學家。這位化學家煞有介事地拿出一個裝有液體的瓶子（其實只是蒸餾水），介紹說這是他新發現的一種化學物質，有些微的氣味。然後，他請學生們逐一上前嗅聞，然後統計聞到氣味的人數。結果，多數學生都認為這瓶液體有味道。

本來毫無氣味的蒸餾水，由於「權威專家」的暗示和引導，大多數學生都認為有味道。這其中，一是因為人們認為權威人物的思想、行為和語言總是正確的，服從會讓自己有安全感，增加不會出錯的保險係數；二是因為人們認為權威人物的要求經常與社會規範一致，按照其要求做，更容易得到社會的認可和贊許。

權威暗示效應容易發生過度迷信的盲從現象，盲從的反效果是讓人難以有自己的思考和進步空間。權威的指引，以個人來說不一定是指向對的方向，一個人假如能有自己的主見，對人對事有自己的評判標準，聆聽但不盲從，就不會成為烏合之眾中的一員。

一個理性的人，必然是一個善於思考、富有探索精神的人。知名科學家惠更斯（Christiaan Huygens）就是這樣的一個人，他因為不盲從、迷信權威，最終在物理學領域取得了世人矚目的成績。

惠更斯是十七世紀荷蘭的物理學家、天文學家和數學家，他一生致力於科學研究，在力學、光學、數學和天文學等眾多自然科學領域都有傑出的貢獻，是近代自然科學史上一位重要的開拓者。

惠更斯從小就潛心於研究學問，早在十三歲時就自己製作了一台車床，十六歲時便進入大學攻讀法律和數學，以優異的成績獲得博士學位，並結識了大科學家牛頓，還在一六六三年成為英國皇家學會的第一個外國學員。

惠更斯的最傑出的成就，在於首創了光的波動理論。

對於光，世人皆能認識其重要性，沒有光，世界將成為一片黑暗。然而，光到底是什麼呢？關於這點，物理界有不同的看法，有人認為，從探照燈的光柱、平面鏡的反射等例子，能推測出光就像高壓水槍裡噴射出的水柱，是由一個個光微粒所組成。而另一派則認為，從石頭扔進水中激起的水波中推測出，光是空間存在的「以太」的波動。

當時正值十七世紀下半葉，牛頓無疑是科學界的權威，而牛頓支持光的微粒說，認為光是一種微粒流，並以此來解釋光的直線傳播、鏡面反射、介面折射等現象。牛頓的聲望極高，在其影響下物理界的多數人也都支持微粒說，但惠更斯並不在其列。他對此有不同的看法，認為微粒說不能解釋光學上更為複雜的繞射、干涉等現象，由此主張光是以太波。

一六七八年，惠更斯在法國科學院的一次演講中，公開駁斥了以牛頓為代表的光的微粒說。隨後，惠更斯明顯成為不支持權威的少數派，而遭到眾人孤立。但他沒有氣餒，更沒有改變自己的想法，而是更積極地深入研究，並在巴黎發起了一場關於光的本性問題的討論會，大幅推動了近代光學的發展。

一六九〇年，惠更斯出版了《光論》（*Traité de la Lumière*）一書，正式提出光波理論。他認為，從波源發射出的子波中的每一點都可以作為子波的波源，每個子波波面的包絡就是下一個新的波面。在此基礎上，他發現了光的衍射、折射定律和反射定律，解釋了光在光密介質中傳播速度減小的原因，畫出了光進入冰洲石（是一種無色透明純淨的方解石，由於具有特殊的物理性能，被稱為特種非金屬礦物，主要用於製造高精度光學儀器，也被廣泛用於無線電電子學、天體物理學等高新技術領域）所產生的雙折射現象圖像，使人們對光的理解擺脫了只在視覺上的認識，推進了光學研究的發展。

屠格涅夫曾說：「先相信你自己，然後別人才會相信你。」是的，一個人可以尊重權威，但絕對不能迷信權威，唯有始終保持清醒的頭腦，勇於思考，敢於質疑，才能成為真正心智健全、不盲從輕信、具有獨立人格的人。

情感宣洩定律

優秀的人從來不會輸給情緒

心理學上所謂的情感宣洩定律，是指要給情感一個宣洩的窗口。人的情感也遵循「能量守恆定律」，故不能無休止地容納、壓抑所有情緒，長期壓抑情感而不適當宣洩，容易導致精神崩潰。所以，不要強行堵住自己的情感發洩管道，學會釋放不良的情緒，才不至於積累成心理問題。

人們一但壓抑、忽視自己的情緒，很容易損害心理健康，正如佛洛伊德及其後繼者研究發現的——「壓抑」與「不幸福」之間存在著密切關聯。著名心理學家榮格也藉由研究證實了，人們會因為隱瞞、壓制或否認內在情緒而傷害到自尊心。

人生活在社會上，總會遇到各種事情，難免會有不如意，由此產生一些不良情緒。這些不良情緒如同洪水般，若不及時宣洩出去，等同於堵在水庫不斷高漲，給我們的「心理堤防」造成巨大的壓力。

或許有人十分能「忍」——忍耐、壓抑一切負面情緒。但要知道，被人刻意壓抑的情緒，本身沒有消失，只是從「表意識」轉移到「潛意識」存在於你的內心深處，然後在無意識間對你的心理健康產生負面影響。

所以，一旦有負面情緒產生，終究要找機會好好宣泄出去。若一味堵住心中的鬱結，負面情緒的「洪水」水位將不斷升高，到了某個臨界點必然會引發潰堤，出現更嚴重的問題。

那麼，在內心高築堤防可行嗎？當然也不行。這樣做的話，必然會讓人在內心深處與外界日益隔絕，導致憂鬱、孤獨、苦悶、心態扭曲等不良後果。隨著累積的負面情緒越來越多，達到一定程度，也同樣會衝破心理堤防，甚至精神失常。

此外，由於我們的情緒與思考、生理等有相互作用關係，壓抑情緒必然會影響到心智和身體機能。醫學界也普遍認可精神與身體是相互關聯的。紐約大學醫學院的約翰·薩諾教授（John E. Sarno）認為：「諸如背痛、手腕綜合征、頭痛等，通常都是患者壓制自己的害怕、憤怒、自私、苛刻以及一些對社會不滿的情緒體驗而產生的。」

當人們硬將這些情緒壓制下去，不願去感知、體驗它們時，它們就會轉而潛伏在潛意識裡，逐漸引發各種身體上的反應。對此，薩諾教授給他數以千計的病人開出了這樣的處方：承認自己的負面情緒，接納自己的焦慮、憤怒、恐懼、嫉妒或疑慮。對於大多數這類型的病人，只要他們能夠有效地認識到自身的真實情感，負面情緒就能得到緩解，身體的疼痛也會消失。

法國著名作家、《小王子》的作者聖修伯里曾說：「當我們允許自己去感覺，不再抵抗自己的情緒，向內心所有的感覺，包括傷痛的感受說聲『是』的時候，我們便釋放了自己，不再那麼痛苦了。」

面對負面情緒的最好辦法莫過於疏導。霍桑工廠（Hawthorne Works）的「談話試驗」就是一個很好的例子。

霍桑工廠地處美國芝加哥市郊外，是一家製造電話交換機的工廠。這家工廠給工人的薪資和福利都相當不錯，但工人們卻總是憤憤不平，工廠的整體生產效率也非常低。

這一現象引起了人們的關注。美國國家研究委員會組成了一個由心理學家等多方面專家參與的研究小組，深入這家工廠，對工人的生產效率與工作條件之間的關係進行了研究，希望探求其中的原因並解決問題。

研究小組進行了一系列的試驗研究，其中有一項叫作談話試驗。在長達兩年的時間內，心理專家分別找工人單獨談話的次數竟高達兩萬多次。在談話過程中，專家沒有給受訪者任何反駁和訓斥，而是耐心地聽取工人們對於工廠管理的意見和抱怨，讓他們盡情宣洩負面情緒。

對於這麼做的原因，心理學家團隊解釋，工人長期以來對工廠的各項管理制度有眾多不滿，卻無處發洩。久而久之，這些消極情緒鬱積在心中，就會表現為對工作毫無熱情，敷衍了事，甚至厭煩不滿，進而導致生產效率低下。

通過一次次的談話，工人們發洩了心中所有的不滿。這些看似無關緊要的談話其實起到了疏導情緒的作用，幫助他們漸漸拋開心靈上的負擔，因而心情舒暢，幹勁倍增。事實也證明，談話試驗大幅提高了工廠的工作效率，工人們的工作心態與之前相比可謂天壤之別。

情緒需要宣洩，但也要注意宣洩方式的合理性。如同我們用壓力鍋煮飯，要慢慢放掉多餘的氣，便能把飯煮好。如果排氣過快，便很容易導致米飯沾鍋。而情緒的宣洩方式要溫和地循序漸進，例如，聽音樂、做運動、寫日記、自言自語、大哭一場、養魚種花……如果負面情緒實在積累得太多、太久，甚至造成了心理或精神問題，不妨找心理醫生進行專業疏導，以免釀成心病。

權變理論

看問題不能只有一種角度

權變理論（Contingency perspective），又被稱為應變理論、權變管理理論、領導權變理論，是二十世紀六〇年代末七〇年代初，以經驗主義學派為基礎，進一步發展出來的管理理論之一。「權變」意為「隨具體情境而變」或「依具體情況而定」。

權變理論認為，世界上沒有一成不變的管理模式，每個組織的內在要素和外在環境、條件都各不相同，因而，在管理活動中不存在適用於任何情景的原則和方法。成功管理的關鍵，在於對組織內外狀況的充分瞭解和有效的應變策略。

這項理論最初是由著名管理大師費德勒（Fred Fiedler）在《領導效能論》和《領導效能新論》兩本著作中提出來的。後來，經過其他管理學專家在實踐中不斷完善，最終發展成更有系統性的全面領導理論模型。

權變理論興起的背後有著深刻的歷史背景，二十世紀七〇年代的美國，經濟動盪不定，政局變換頻仍，又面臨錯綜複雜的石油危機，社會空前不安，致使企業所處的環境非常不穩定。然而，當時的管理理論大多追求普遍適用性，故無法幫助企業應對瞬息萬變的外部環境，這種時代背景下促進了權變理論出現。

權變理論認為，管理與其說是一門理論，不如說是一門實踐性很強的技術，是一門變通的藝術。一個高明的領導者要根據不同的環境及時改變領導方式，不斷自我調整來適應外界的變化。一個不知權變的領導，有時會帶來難以想像的失敗。

保羅是一所知名大學會計系畢業的高材生，他應聘到一家大型會計師事務所工作。不久，公司執行委員會發現了他的領導潛能和進取心，於是將他派到紐約郊區開辦一個新的辦事處。保羅也確實很有能力，很快就將辦事處發展得蒸蒸日上。到了一九八八年時，辦事處的專業人員達到了三十名。保羅因此被高層認為是一名優秀的領導者和管理人才。

一九八九年初，保羅被提升為達拉斯的經營合夥人。為了得到更好的成效，保羅採取了和在紐約相同的管理方式，因為那套管理方式幫助他迅速在紐約站穩腳步，所以他也期待能在達拉斯一舉獲得成功。

保羅迅速更換了二十五名達拉斯原有的專業人員，並制訂了短期和長期的客戶開發計畫。為了確保有足夠的員工來處理預期中會擴展的業務，他另外增加了相當數量的員工，專業人員達到了四十名之多。

事實證明，儘管保羅複製了紐約時期的管理方式，卻沒能複製在紐約得到的成功——相同的管理方式在達拉斯辦事處沒有取得很好的成效。一年內，辦事處就失去了最好的兩個客戶。保羅認為是因為員工太多了，因而解雇了前一年剛剛招進來的十二名員工來減少開支。

出現問題之後，保羅沒有想太多。他堅信挫折只是暫時的，他的策略最終還是會有效。於是，隨後的幾個月內，保羅又雇了六名工作人員，以適應預期中必然增加的工作量。但情況並未好轉，預期中的新業務沒有到來。無奈之下，保羅只能再次精簡員工隊伍，解雇了十三名專業人員。

兩次裁員讓達拉斯辦事處人心惶惶，留下來的員工也感到工作缺少保障，開始質疑起保羅的領導能力。公司執行委員會瞭解到這個問題後，經過思考，將保羅調到紐澤西的辦事處。他的管理方式在那裡得到了很好的效果。

為什麼保羅的管理方式在紐約和紐澤西取得了成功，在達拉斯卻失敗了呢？其中就有權變效應的影響。隨著領導者和工作環境的變化，即使是相同的管理方式，也會因時因地產生不同的效果。在紐約和紐澤西，社會環境、市場和員工狀況等，都適合採用保羅的領導方式；而達拉斯在社會、政治、經濟、技術、文化等方面的情況都與紐約和新澤西有所不同，導致保羅的管理方式不再適用。而他幾次更換員工的行為也欠妥當，使團隊運作不穩定，難以產生達成目標的凝聚力。

相對的，公司執行委員會得知保羅在達拉斯的失敗後，最終將他調動到更適合的紐澤西，而且也確實取得了良好的成效。這也應證了權變效應的作用——將人才放在對的地方，才能最大限度地發揮所長。

展望理論

先人一步的決斷力

二〇〇二年，諾貝爾經濟學獎出現了令人稱奇的一幕，瑞典皇家科學院諾貝爾獎評審委員會竟然將獎項頒發給了心理學家丹尼爾．康納曼（Daniel Kahneman），稱他「將來自心理研究領域的綜合洞察力應用到經濟學當中，尤其是在不確定情況下的人為判斷和決策方面做出了突出貢獻」，這段頒獎詞所指的就是康納曼提出的展望理論（Prospect theory）。

展望理論是心理學及行為金融學的重要研究成果，這是由康納曼和阿摩司．特沃斯基（Amos Nathan Tversky）在期望值理論的基礎上結合心理學研究而提出的，是一種關於風險決策的理論。

這一理論認為，人的決策過程分為兩個階段，第一個階段是隨機事件的發生和人們對事件結果、相關資訊的收集、整理；第二個階段是指評估和決策。人們在第一階段時，由於對資料和資訊的整合方法、簡化方法不同，從而會得到不同的認知，進而導致人們對同一個問題做出不同的決策。

透過大量實驗和研究效用函數之後，展望理論認為：人們不僅看重財富的絕對量，更看重財富的變化量；人們獲得某種利益時，往往會變得小心翼翼，更傾向於不冒風險，而面對損失時，更傾向於去冒險；人們對獲得和損失的敏感程度不同，卻對損失更為敏感；前期決策的結果會影響後期的風險態度和決策——前期盈利會增強人的風險偏好程度，前期損失會提升人對風險的厭惡程度。

由此來看，很多人往往在機會來臨時，瞻前顧後，猶豫不決，結果錯失良機。一個領導者要想成大事，必須要能在關鍵時刻勇敢拍板定案、拿出決斷力，才能在瞬息萬變的市場中搶佔先機，擴大事業版圖。

過去十幾年間，大多數日本高科技公司的收益都不太穩定，其中唯有佳能（Canon）一直穩步發展，關鍵就在於佳能的掌舵人御手洗富士夫有著超強的決斷能力。

一九九五年，御手洗富士夫就任佳能的社長，帶領佳能進入轉型期。不過，如同一些日本老牌企業，佳能內部也有很嚴重的「大企業病」。為此，御手洗富士夫上任之初便雷厲風行地進行了一連串改革，採取了幾大措施：

第一項措施為削減成本。富士夫果斷關閉了個人電腦、液晶顯示器、電子打字機等一系列虧損的業務部門，然後拍賣這些資產，免除近三億美元的巨額虧損，讓公司不被這些虧損部門拖累，方便將資源集中到獲利良好的部門。

第二項措施為提高產品開發速度。推出新產品，避免在通貨緊縮的環境下因產品價格下跌而造成損失。富士夫一面增加研發經費，一面果斷地結束了那些週期長、花費大，卻沒有什麼結果的研發項目。

在改革過程中，富士夫不可避免地遇到了一些阻力，但他以超強的決斷力坦誠地面對各方質疑，全力說服他人。比如，他要求工廠採取單元式生產時，就花了幾週時間與抱持懷疑的主管進行辯論，最終說服了管理層，與大家取得了共識後才實施。結果，這項改革措施使佳能的產能提高了三成。

御手洗富士夫坦言，自己喜歡改革。他認為，改革代表公司在表現不錯時要改善營運，有別於公司表現不濟時需要重組的做法。可以說，從思想到行動，他都彰顯出了果斷行事的風格，而且有著超強的決斷能力。

這一連串的改革措施，使得佳能幾乎創造了一個奇跡——利潤出現了驚人的三級跳，公司營收暴增到二百四十三億美元，淨利潤高達十四億美元；七年內，佳能在東京股票交易所的市值從第四十三名上升到第八名。

二〇〇二年，《美國商業週刊》（*Businessweek*）將御手洗富士夫列入全球二十五名「頂級執行長」之中，並且評論他是「一位有決斷力的人物」。

美國麥肯錫管理顧問公司曾經針對管理卓有成效的三十七家公司做過一項調查，結果顯示，領導要獲得成功有八個條件，其中之一就是行動要果斷，唯有準確判斷、快速決斷、果敢行動，才能先人一步把握制勝權，而決斷力則是一位領導者中最為重要的一種能力。

被譽為奇異公司歷史上最年輕的董事長兼執行長、以及美國當代最成功、最偉大的企業家——傑克．威爾許也將決斷力推到無比重要的位置，認為這是「面對困境時勇於果決的能力」和「始終如一的執行力」。沒錯，成功人士多如繁星，但真正能成就大事的人其實很少。只有那些敢於決斷、善於決斷的人，才能做出令世人敬仰的大事業。

半途效應

堅持到最後，才能笑到最後

所謂半途效應，意指在積極邁向目標的途中，由於心理及環境因素的交互作用，進而對目標行為產生了負面影響。大量事實表明，人的目標行為中止期大多發生在「半途」中。簡言之，半途效應主要是在強調磨練意志力的重要性。而半途效應發生的主因有二點：一是目標選擇不合理；二是人缺乏意志力。為此，要消除半途效應的負面影響，最好培養專心一致、堅持到底的精神。

一九九五年五月二十七日，因主演電影《超人》而一舉成名的克里斯多福・李維（Christopher Reeve）在參加一場馬術比賽中發生意外，造成其脊椎受重傷。醫生甚至無法保證李維能活著離開手術室。幸運的是，李維被搶救了回來，卻因為全身癱瘓，注定在輪椅上度過餘生。

本來有著大好星途的李維，一下子變成只能動動手指的廢人，巨大打擊使他變得萬念俱灰。就在喪失生命的希望之際，他無意間聽到妻兒的一段對話：三歲的兒子威爾對媽媽丹娜說：「媽媽，爸爸的膀子動不了呢。」

「是的，」丹娜說，「爸爸的膀子動不了。」

「爸爸的腿也不能動了呢。」威爾又說。

「怎麼會這樣……」威爾停了停，有些沮喪，但忽然之間，他的小臉上露出了幸福的神情，「但爸爸還能笑呢。」

「爸爸還能笑呢。」威爾這句話，讓李維看到了生命的曙光，找回了生存的勇氣和希望。他堅信自己在五十歲之前會重新站立起來，他要做一個真正的「超人」。憑著頑強的意志力，李維勇敢活下來了。而且從此之後，不曾放棄過重新站立的信念，直至生命終結。

他以「我絕不能讓殘疾主宰我的生活」的信念熬過了痛苦異常的治療期，從二〇〇〇年開始，他的病情開始有顯著的改善，到了二〇〇二年，他已經可以動一根指頭，身體超過一半的部位也逐漸恢復知覺。其摯友羅賓・威廉斯在李維去世後回憶說，那段時間，李維和所有其他人一樣，都相信他會重新站起來。

雖然他最終未能如願，依然做出了許多令人驚異的舉動。他不僅沒有中斷表演生涯，反而抱著更大的熱忱投入了他喜愛的影視製作領域。他不僅演出了一系列電視角色，更嘗試成為一名導演和製作人。其中，他參演並兼任製作人的電視劇《後窗》（*Rear Window*）為他贏得了電視劇最佳男演員獎。一九九七年，他還執導了電影《黃昏時刻》、《洋基小英雄》等。

同時，他還在公益事業上投入了很大的精力，特別是在醫療健康領域。他想幫助那些和他罹患相同疾病的人們，甚至努力遊說國會制定更加有利於身心障礙患者的健康保險條款，並設立了以自己的名字命名的癱瘓病人康復基金，共為癱瘓研究捐款二千二百多萬美元。

就像李維在其自傳《依然是我》（*Still Me*）中寫給兒子的那句話：「但爸爸還能笑呢。」沒錯，無論是怎樣的困難和災難，我們都要以微笑面對——這也是半途效應蘊含的意義。

本章總複習

- **權威效應**：先相信你自己，然後別人才會相信你。
- **情感宣洩定律**：一旦有負面情緒產生，要找機會好好宣泄出去。
- **權變理論**：「權變」意為「隨具體情境而變」或「依具體情況而定」。
- **展望理論**：人們獲得某種利益時，往往會變得小心翼翼，更傾向於不冒風險，而面對損失時，更傾向於去冒險。
- **半途效應**：無論是怎樣的困難和災難，都要微笑以對。

CHAPTER 09

羅伯特定理

Robert's Theory

成功，從相信自己開始

「你，就是自己的敵人」
沒有人會因倒下或沮喪而失敗，
只有自願選擇倒下或沮喪時才會失敗。

羅伯特定理

除了你自己，沒人能夠打倒你

羅伯特定理是由美國演說家卡維特・羅伯特（Cavett Robert）所提出。具體內容是，沒有人會因倒下或沮喪而失敗，只有他們選擇倒下或沮喪時才會失敗。意即倘若自己不打倒自己，就沒有人可以打倒你。它強調了自強與自信的重要性。

有一次，享譽全球的雅典錶（Ulysse Nardin）公司總裁羅夫・史奈德（Rolf W. Schnyder）接受記者的採訪，問及多年來從事高精密度手錶製造的過程中，他最為自傲的理念是什麼時，他答道：「永不低頭，做『失敗』的頭號敵人。」

任何成功的背後，一定存在無法迴避的磨難與挫折。對史奈德而言，正由於他永遠踏著比別人更堅定的步伐，公司發展過程中遇到的失敗和挫折，才會在他眼裡如同尋常小事，並且有足夠的底氣說：「我是『失敗』的頭號敵人，因為我從不輕易放棄任何一件事情與機會，所以也絕不會被失敗打倒。」

墨西哥著名女畫家芙烈達．卡蘿（Frida Kahlo）的經歷，是一個能印證以羅伯特定理重塑人生的絕佳故事。

芙烈達．卡蘿不幸於十八歲時遭遇了一場車禍，導致脊椎、鎖骨、肋骨斷裂，骨盆破碎，右腿十一處骨折。從此，病痛成為高懸頭上的達摩克利斯之劍，時不時對她發出警訊。終其一生，她經歷了約莫三十次手術，一直深受疼痛困擾。然而，她卻帶著疼痛作畫，或躺或趴或側身，甚至將畫框懸掛在頭頂上畫，但凡能稍微減輕疼痛的畫姿，她無不嘗試。

或許有人會問：「如此艱難，為何還畫？」但對她而言，不作畫，毋寧死。生命是如此短促，生活是如此凡庸，既然有幸找到突圍之路，就一定要緊緊抓住。疾病已經無法逆轉，生命的終點尚且遙遙在望，既然無法改變，那就靠自己活出一個絢爛的人生。芙烈達．卡蘿選擇用繪畫度過了不平凡的一生。只因為她不想隨便了卻一生，所以拒絕在遇到挫折時，陷入自暴自棄的泥沼，最終憑藉「自助者天助」的姿態成就專屬於自己的人生。

愛爾蘭作家克里斯蒂．布朗（Christy Brown）儘管出生時四肢健全，卻因為患了非常嚴重的腦性痲痹而全身癱瘓。他發音不準，全身僅有左腳能動。當同齡的孩子還在蹣跚學步時，他已展開輪椅的生活。七歲那年，當他坐著輪椅與家人到公園玩時，看到幾個小朋友在比賽畫畫。他羨慕極了，不停地發出「啊啊」的叫聲，表達自己的渴望之情。

一個小孩笑說：「你連話都說不清楚，怎麼可能畫出好東西！不要吵我們啦！」這句話讓他傷心欲絕。回家後，他在姐姐的鼓勵下，開始用左腳畫畫、寫字。同時，為了像正常人一樣生活，他在家人的幫助下，坐在推車上，開始認識並瞭解周圍的世界。他僅憑左腳就學會了畫畫，還學會了寫作。

寫作之初，面對自己忍痛寫出的作品被退稿，他告訴自己：「人要先自助。」於是，即便退稿次數再多，他仍日復一日地寫，左腳趾被磨破了也從不灰心。他總是充滿熱情地追求自己的理想。最終，他的畫作獲了獎，他的處女作《我的左腳》（*My Left Foot*）也在幾經修改後得以發表。

其後，他意識到只要自己不放棄理想，扎扎實實地投入寫作，美好的日子就在前方。從此他一發不可收拾，盡力抓住每一個機會。終於在三十七歲那年，他撰寫的小說《那些低潮的日子》（*Down All the Days*）得以發表，並一舉榮登暢銷小說榜第一名。他的自傳性著作後來被改編成電影，而且獲得了奧斯卡獎。在他有生之年總共發表了七本著作。

正如克里斯蒂．布朗在日記中所寫的：「只要肯下功夫，沒有什麼事做不到！在風雨中，要勇敢堅定；在黑暗中，要咬緊牙關前行；面對沙漠，心中要憧憬綠洲；要像蟬一樣，經歷苦痛的蟄伏，卻永不言棄。永不放棄自己的人一定能展翅高飛！」

責任分散定律

重視合作，避免內耗

責任分散定律（Diffusion of responsibility）的主旨是，一個人敷衍了事，兩個人互相推諉，三個人則永無事成之日。換言之，合作不是簡單的力量相加，若希望相互合作能發揮最大的效果，每一個人都能得到回報，就必須讓事情建立在合理分工、推展有序、目標一致而明確的基礎上進行，否則一切無從談起。

其實，責任分散定律是以旁觀者效應（Bystander effect）為基礎發展而來。旁觀者效應則源自於一起一九六四年發生在美國的殺人事件，一位女性下班回家途中，遭遇歹徒襲擊的當下，明明有三十八位旁觀者，卻無人伸手援救或報警，導致被害人未能脫困而橫死街頭。後來有學者根據這起事件，得出責任分散理論：當旁觀者越來越多時，每個人應擔負的責任因此分散，最終沒有人願意負起責任，於是導致失敗的結果。

換句話說，假如某件事要由一個人獨自完成，因為不存在旁觀者，故這個人就無法推脫，不得不承擔起全部責任，讓任務得以順利推展。

反之，只要出現其他人，無論人數有多少，就會降低這種責任感，形成相互「踢皮球」的現象，導致「永無成事之日」。因為，當許多人共同從事某項工作時，雖然群體成員都負有責任，但群體中的每一個成員同時也都成了旁觀者，若相互推諉，最後沒人願意承擔責任，將使得合作無法推進。

那麼，該如何解決責任分散帶來的問題呢?這必須從根本上明確每個人的責任，讓每個人都清楚自己的職責範圍和共同目標，才能提升合作成效。

簡而言之，若想打造出一個高效團隊，提升所有成員的合作意識和責任感，才能避免責任分散的現象產生。

美國加州大學的學者曾做過一個實驗：將六隻猴子分別關在三間空屋裡，每間兩隻，屋內分別放著一定數量的食物，但放置的位置和高度都不一樣。第一間房子的食物就放在地上；第二間房子的食物，依難易度分別掛在不同高度的位置上；第三間房子的食物，則懸掛在天花板。

數日後，他們發現：第一間房子的猴子一死一傷，傷的那隻缺耳斷腿，奄奄一息；第三間房子的猴子也死了；只有第二間房子的猴子活得好好的。

原來，第一間房子的兩隻猴子一進房間，就為了放在地上垂手可得的食物大打出手，結果一死一傷；第三間房子的猴子為了取得食物做了許多努力，但因為食物放置得太高而搆不到，結果活活餓死了；只有第二間房子的兩隻猴子，先是各憑本事跳躍取食，後來隨著食物懸掛高度的增加，難度不斷增加，需要兩隻猴子合作才能取得食物。於是，一隻猴子托起另一隻取食。這樣一來，兩隻猴子每天都能取得足夠的食物，成功活了下來。

這項猴子取食的實驗，某種程度上說明了分工合作的重要性。同時也能從一個角度明白，打造一個高效團隊的要點。亦即，領導人要留意培養團隊成員的合作意識，針對不同人才的特點，為不同職位制定合理的目標。

星巴克（Starbucks）之所以能成為橫跨世界各大洲的咖啡業連鎖巨頭，與其用心打造高效團隊的作為密不可分。

一九八七年，西雅圖出現了一家街頭咖啡館。這間小小的咖啡館即為星巴克的前身，時至今日，星巴克已成為遍布五大洲、擁有兩萬多家分店的大型企業。而星巴克之所以擁有如此傲人的成績，關鍵就在於其建立的高效團隊。星巴克將每一間店視為一個獨立團隊，對內則以「平等、快樂工作」為團隊工作理念。這是與許多大型跨國企業完全不同的一點——星巴克將自己定位為「第三空間」（Third Place），即家庭與工作場所之外的棲息之地，所以只要置身其中，服務員和顧客都可以感受到放鬆、舒適、快樂的氣氛，這也是公司的願景之一。

與此同時，不同於大多數企業，星巴克的經營者從不將「投資報酬率」「盈利」「KPI考核」等掛在嘴邊，而是反覆提倡「快樂回報」的概念。星巴克的經營邏輯是，當顧客開心了才會成為回頭客；當員工開心了，才能讓顧客成為回頭客；而當二者都開心了，公司會持續成長，投資人也會很開心。

可以說，星巴克以團隊文化作為打造高效企業的最重要手段。

首先，領導人要視自己為普通一員。儘管要負責計畫、安排、管理等工作，卻不因為職位高低而有任何特殊性，或者享受特殊的權利，而是和普通員工一樣做事。

因此，星巴克旗下的每一個團隊領導人均能以身作則，和普通店員一起上班，煮咖啡、清洗杯碗和打掃店鋪。

其次，所有工作職務都要明確分工，讓人各司其職。例如，有負責接受點餐收款的員工、負責製作飲品的員工、負責管理庫存的員工等等。

不過，儘管各司其職，但每一位員工都接受過所有店內工作項目的技能培訓。亦即，在分工合作的同時，又有很強的「工作不分家」概念。比方說，當調製飲品的人忙不過來的時時，其他人若手頭不算太忙，就會主動上前幫忙，藉此緩解緊張氣氛，避免旁觀者效應出現。

最後，鼓勵合作，有針對性地培訓合作意識。所有在星巴克工作的員工，不論來自哪個國家，在咖啡店開張之前，都要到位於西雅圖的星巴克總部接受為期三個月的集體培訓。當然，這三個月不僅是要學習咖啡製作技巧，也是想對員工進行磨合培訓，利用這段時間接受並實踐平等、快樂的團隊工作理念。這點可以大幅消除來自不同國家、風俗文化而產生的交流障礙。

比如，星巴克要求員工彼此之間直呼其名，但考慮到各國的習俗和文化不同，於是讓每位員工取一個英文名字，以稱呼對方英文名字的方式來解決這個問題。此外，公司還設計了形式多樣的小禮品，及時獎勵員工主動合作的行為，讓每個人都時時體會到合作是公司文化的核心，是受到公司高度認可和重視的，進而培養團結的合作氣氛。

這些措施幫助星巴克打造出幹練而高效的團隊，避免責任分散的現象出現，大幅提升工作效率，締造出強大的咖啡王國。

肥皂水效應

適當的讚美，讓人際關係更美好

卡爾文．柯立芝（John Coolidge）於一九二三年當選為美國總統。當時，他身邊有一位漂亮的女秘書。不過，遺憾的是，女秘書儘管外表美麗，工作上卻常因粗心而出錯。這給柯立芝造成了很多麻煩，因此他苦思方法解決這個問題。

某天早晨，柯立芝對著走進辦公室的秘書說：「你今天的打扮很漂亮，非常適合你亮麗的外表。」能從總統口中聽到讚美，秘書感到受寵若驚。然後，柯立芝接著說：「但也不要驕傲，我相信你能把公文處理得像你本人一樣漂亮。」從那天起，秘書處理公文時就很少出錯了。

有人問柯立芝怎麼想到這個方法，他得意地說：「很簡單，你知道理髮師替人刮鬍子前，為什麼要先塗上肥皂水嗎？因為要讓人刮鬍子時不覺得痛。」

這就是肥皂水效應的由來，意指將對他人的批評夾帶在肯定的話語之中，從而減少批評造成的負面效應，讓被批評者愉快地接受對自己的批評。簡單來說，以讚美的形式巧妙取代批評，用簡單的方式達到直接的目的。

肥皂水效應在人際關係中可以發揮很大的作用，不僅能有效提升人際溝通技巧，還能讓人避免不必要的煩惱，來打造出友好的人際關係。美國著名人際溝通大師的學生卡伍，他的一段經歷恰好說明了肥皂水效應的實用性。

美國費城一家名為華克的公司，承包建築一座辦公大廈，而且指定在某一天必須竣工完成。工程中的每一個環節都進行得非常順利，眼看這棟建築物就快要完成了。不料，承包外面銅工裝飾的廠主突然宣稱自己不能如期交貨。

如果不能按期交貨，整個建築工事都得因此停擺，而華克公司也得交付巨額的罰款。為此，華克公司的相關負責人和廠主多方溝通，甚至在長途電話中激烈爭吵，最終都無濟於事。無奈之下，公司決定派卡伍前往紐約，與那位廠主當面交涉。

接受任務後，卡伍苦思許久，終於敲定如何與這位難纏對手的溝通策略。等他一走進辦公室，和對方碰面時就說：「您知道，您的姓名在布魯克林是絕無僅有的嗎？」廠主感到十分訝異，因為卡伍竟然沒有馬上跟他談判。

接著，卡伍說：「今天早上，我一下火車就查了電話簿來找地址。結果，我發現整個布魯克林區，您是唯一叫這個姓名的人。」對方說：「你不說我還真不知道呢。」於是，廠主極富興趣地拿起電話簿查找，發現事實果真如此。

這位廠主頓時感到十分驕傲，得意地說：「沒錯，這的確是不常見的姓名，我祖籍荷蘭，家族移民紐約已有兩百年了。」他接著和卡伍大談特談自己的祖先和家世。卡伍就在聆聽與交談中，自然而然地讚美他擁有這樣一家規模龐大的工廠。

隨後，卡伍說：「這是我見過的銅器工廠中最整潔、設施最完善的一家。」對方回說：「沒錯，我用了畢生精力經營這家工廠，我以它為榮，你願意參觀嗎？」

接下來，在參觀工廠的過程中，卡伍一邊連連稱讚工廠的組織系統完善，還順便指出優於其他工廠之處，同時也沒忘記讚美幾種特殊的機器。廠主和卡伍越聊越投機，最後堅持請卡伍和他共進午餐——直到此時，卡伍也隻字不提自己此行的目的。

午餐後，那位廠主說：「現在，我們言歸正傳吧。我很清楚是為了什麼而來。不過，我根本沒想到，我們可以聊得這麼愉快。」他又笑著說：「你先回費城吧，我保證，你們公司訂的貨會準時送達。請相信我，就算是犧牲了跟別家的生意，我也一定會保證供應你們的貨物。」

卡伍深諳肥皂水效應的妙用，既不與對方激烈爭辯，也不向對方低聲下氣地請求，而是在得體的讚美中，讓對方得到心理上的舒適感，進而主動改變自己，最終達到雙贏的目的。須知，尊重對方，讓對方不難堪、不反感，足以改變一個人的意志。雖然人人都知道忠言逆耳，但與其讓忠言變得逆耳，不如巧妙地包裝一下，讓說出口的話在達到特定目標的同時，也能讓對方感到舒服。如此一來，不但可以促進雙方的合作關係，也可以保護對方的自尊心。所以，若想打造良好的人際關係，不妨留意自己溝通時的用字遣詞，運用這項心理效應提升傳達效果，這種悅人悅己的事情，何樂而不為呢？

青蛙法則

你的氣度，決定你的格局

日本推銷之王奧城良治剛成為業務員時，因為接連不斷地面臨客戶拒絕，一度感到萬念俱毀。然而，他想到那些頂尖業務員，通常也是承受過最多拒絕的人。於是，他決定將一句日本諺語「水灑蛙面也面不改色」來當做自己的工作守則——意指即便在困境中遭受揶揄、屈辱也要厚著臉皮堅持下去，這也是青蛙法則的由來。

後來，他鼓起勇氣，要求自己每天要拜訪一百位潛在客戶，遇到拒絕也絕不氣餒，最後甚至連續十六年蟬聯日產汽車（NISSAN）的銷售冠軍。

換言之，青蛙法則給我們的啟示是，挫折是常態，順利才是例外。

一個人唯有意識到這一點，最大限度地磨礪自己，以待時機，才能有所作為。實際上，它強調的就是挫折之於人的重要性。因此，無論身處哪個行業，從事何種職業，在遇到困難和挫折時如果沒有耐心和毅力，無法堅持到最後，就不會有撥雲見日的可能。

世界激勵大師約翰・庫提斯（John Coutis）剛出生時，身體嚴重畸形，而且十分瘦小，只有一瓶礦泉水般大。醫生斷言他活不過一天，但令人意想不到的是，這個「礦泉水瓶男孩」不但活了下來，而且還活得十分精彩，他不但曾受邀與南非前總統曼德拉見面，甚至還與美國前總統柯林頓同台演講過。

從小到大，庫提斯記不得自己吃過多少苦苦，受過多少罪。上小學時，他經常被一群壞孩子用各種惡作劇欺負，為了躲避這些欺淩，他想盡了辦法。十七歲那年，原本不高的他，因為下肢病情惡化，不得不接受了腰部以下的截肢手術，僅剩下不足一米的身高，成為名副其實上半身矮人。更不幸的是，庫提斯又在二十九歲那年罹患了癌症。

然而，庫提斯未曾向命運低頭，面對接踵而來的厄運和打擊，他選擇自強和獨立，最終以自己出色的演講才華，歷時八年，「走」過一百九十個地方，成為聞名各國的傳奇人物，更成為舉世聞名的激勵大師。每一個聆聽過他演講的人，莫不清晰記得那為身高不足一米，僅用一隻胳膊支撐身體，另一隻手推動輪椅快速前行的形象。然而，無論「走」到哪裡、遇到多少困難，他始終充滿自信地抬頭挺胸。

任何人面對生活中的坎坷和挫折，倘若能像庫提斯那樣自信無懼，成為「人生競賽的勝利者」將不會只是一句空話。畢竟，和庫提斯相比，大多數人的先天條件無疑要好得多。

中國有句古語：「窮則獨善其身，達則兼善天下。」這種隱忍待發的處世態度也和青蛙法則十分相似。當人在工作和生活中，面對不利於自己的境況，如果能學會容忍、克制，默默積攢力量，將劣勢化為優勢，終將能成就屬於自己的一片天。

一位日本青年畢業後被分配到某海上油田鑽井隊工作。工作的第一天，領班要求他在限定時間內登上幾十公尺高的鑽井架，把一個包裝漂亮的盒子拿給在井架頂層的主管。年輕人抱著盒子，快步登上狹窄的舷梯，當他氣喘吁吁、滿頭大汗地登上頂層，把盒子交給主管時，主管只在盒子上面簽了名，又讓他送回去。於是，他又快步走下舷梯，把盒子交給領班，而領班也同樣在盒子上面簽完名後，讓他再次送給主管。

如此上上下下往復數次，年輕人感到十分憤怒，但盡力忍著不發作，遵命照辦。最後，當他再度滿身大汗地爬上頂層時，主管看著他慢條斯理地說：「把盒子打開。」年輕人撕開包裝紙，打開盒子，發現裡面居然只是兩個玻璃罐，分別裝著即溶咖啡和奶精粉時，終於克制不住怒火，啪的一聲將盒子扔在地上，高喊：「我不幹了！」說完就要走。這時主管站起身來，直視他說：「你可以走。不過，我不想讓你誤解我們。之所以讓你這麼做，是對你進行『承受極限訓練』，因為我們是在海上作業，隨時會遇到危險，為此隊員必須具備極強的承受力，才能完成海上的作業。很遺憾的是，你走過了前面最難的一步，卻在最後關頭失敗了。」

中國明代著名的處事格言集《菜根譚》中有這樣一段話：「伏久者飛必高，開先者謝獨早。知此，可以免蹭蹬之憂，可以消躁急之念。」意思是說，一隻蟄伏很久的鳥，一旦飛起來，必能飛得很高；一朵開得很早的花，必然凋謝得很快。一個人只要明白這個道理，就能深入領悟青蛙法則。如此，不但可以免除懷才不遇的憂慮，也可以消除急求功名財富的念頭，並在韜光養晦的日子裡不斷充實、提高自身能力，一旦獲得合適的機會，就會比其他人走得更遠，收穫也更多。

說到底，你的胸襟和氣度，決定你的格局和所能達到的上限。

本章總複習

- **羅伯特定理**：自己不打倒自己，就沒有人可以打倒你。
- **責任分散定律**：一個人敷衍了事，兩個人互相推諉，三個人則永無事成之日。
- **肥皂水效應**：以讚美巧妙取代批評，用簡單的方式達到直接的目的。
- **青蛙法則**：挫折是常態，順利才是例外。

CHAPTER 10

禁忌效應

Taboo Effect

找準自己的人生定位

當一個人能將角色的普遍性和特殊性相結合，
才能融合共性與個性，
在社會舞臺上實現自己的人生價值。

禁忌效應

規範自己的角色，才能找準自己的位置

所謂禁忌效應（Taboo effect），是指一個人的行為都受到其角色規範所「導演」。一個人要表現出良好的角色行為，就要依據角色規範來認識其面貌、理解背後意圖，落實要求來提高扮演水準。

這裡的禁忌，就是角色規範（Role norms）的代名詞。角色規範的重要性在於讓我們規範自己的言行，使自己更順利地融入社會和團體中。

那麼，何為禁忌？研究認為，原始社會的傳統習慣和禁律，英文中稱為「Taboo」，人類社會初期的一種生活規範。當時儘管還不存在宗教、道德、法律等觀念，但人們早已在生活中利用來維持群體秩序。因此，禁忌被史學

家稱為法律誕生前的公共規範。

至於禁忌效應，社會心理學家分析，由於原始社會的科學文化水準很低，所以人們對於神怪或污穢事物有一種禁忌心理，認為如果觸犯禁忌便會蒙受災禍，因而要遠離它們、畏敬它們。於是，在這種信念的基礎上形成了各項禁忌習俗。另外，當時的文化發展水準讓人們初步認識到，作為參加社會活動的個體，所有人的其行為都有必要服從於一定的法則和行為規範——禁忌效應由此出現。

隨著現代社會的科學文化發展，現代人規範自身角色行為已不再依靠禁忌。不過，從社會心理學來看，禁忌效應揭示出人的行為皆是由角色規範所「導演」的內涵。因此，一個社會實際上會促使成員的行為遵從一定的社會規則、階級要求、行為與道德準則，以及民族文化的精神。

須知，任何社會都有一套約定俗成的行為規範，延續了成百上千年，其內部的所有成員都必須遵守。可以說，禁忌效應在任何社會中都是客觀存在的。

禁忌效應要求我們將角色規範套入自身行為中，這不僅表現於人們遵守特定的法制觀念和道德觀念框架，而且也反映個體「扮演」符合某種具體角色的特殊規範。唯有如此，一個人才能找到自己的定位，扮演好自己的社會角色，以及做出應有的貢獻。

沃納科集團（Warnaco Group，於二〇一二年被PVH集團收購）的前總裁琳達．魏奇納（Linda J. Wachner），她給自己的評價是「我對於盡善盡美地做好份內工作，有著無止境的欲望，越接近目標越好」。魏奇納不曾妄想一步登天，而是循規蹈矩地以社會的角色規範來自我要求，最終實現心目中的理想角色。

魏奇納十六歲高中畢業後進入水牛城大學，主修企管系。大學期間，魏奇納確立了自己的人生目標，並且嚴格的自我要求。她意識到一個普通、毫無經驗的大學生，要想獲得豐厚的社會經驗，就必須從底層做起。所以她利用每個假期，到紐約的百貨商場打工，為未來的發展奠定基礎。

她幾乎在紐約的每家商場都做過售貨員，此外還積極參加校外活動，當監考員、改考卷、做家教等，因為這是一名大學生應有的角色規範。

一九六六年，二十歲的魏奇納取得企管學士學位從大學畢業後，進入零售服裝業工作，並以新的角色規範要求自己。她夢想擁有自己的公司，卻同樣清楚任何夢想都要從底層起步。一九六九年，她展開了胸罩採購員的工作，嚴格的自我要求，讓她在兩年後，成為紐約曼哈頓三十四街區的著名的美斯百貨（Macy's）最年輕的採購員。

五年的採購員生涯，除了讓她積累了豐富的經驗，還成了服飾業的行家。後來，由於她達成了非比尋常的業績，而當上主宰沃納科公司生產和人事大權的高階管理人，並在四十五歲時實現讓公司入選《財富》（*FORTUNE*）雜誌「五百大知名公司」的願望，同時還成為當時僅有的三位《財富》雜誌評選的「五百大公司女總裁」之一。

魏奇納的經歷在商界即為轟動，她在自己從事過的每個職位上都表現絕佳，為人稱道。但若仔細觀察她的成長經歷，必定會發現無論從事哪一種工作，她都會以相應的角色規範來自我要求，從低階一步步扎扎實實地完成工作，達到事業頂峰。

禁忌效應想表達的是，每個人在社會上都有著相應的角色規範，如同站在舞臺上，所以要先理解這齣舞台的目的，然後依據自己角色規範來進行表演。

換言之，我們必須思考自己的定位，讓自己的行動既符合角色規範來達成特殊要求。當一個人能將角色的普遍性和特殊性相結合，才能融合共性與個性，在社會舞臺上實現自己的人生價值。

冷熱水效應

預設伏筆，爲人際溝通加分

冷熱水效應來自英國哲學家約翰．洛克（John Locke）於《人類理解論》（*An Essay Concerning Human Understanding*）一書中所舉的例子：在一個人面前放置三杯水，分別是溫水、冷水和熱水。受試者先將手放進冷水後，再放到溫水，這時他會感到溫水很熱；若讓受試者先將手放進熱水後，再放到溫水中，他會感到溫水很涼。同一杯溫水只因為手放入順序的不同，出現了兩種截然不同的感受。

冷熱水效應表明，人人心裡都有一桿秤，隨著人的心理變化，秤砣的重量也在變化。當秤砣變小時，上面稱量的物體重量就大；當秤砣變大時，上面稱量的物體重量就小。人們對事物的感知往往受到秤砣的影響。

換個角度來說，與人往來時，若能善於冷熱水效應，就能在人際關係中如魚得水。

傑克遜是某汽車銷售公司的金牌銷售員，每月都能賣出超過三十輛車，因而備受經理賞識。然而，最近因為市場狀況不好，傑克遜預計當月只能賣出十輛車。但他知道經理對這項預測肯定會很不滿意。於是他對經理說：「由於通貨緊縮，市場狀況不佳，我預估這個月頂多賣出五輛車。」經理點了點頭，同意他的看法。結果，到了月底，傑克遜竟然賣出十二輛車，經理感到非常滿意。

試想，倘若傑克遜一開始就對經理說一個月能賣十輛，經理會如何反應呢？想必會先會感受到傑克遜的業績嚴重下滑了。這種情況下，經理不但不會誇獎他，可能還會指責他。聰明的傑克遜深諳冷熱水效應，先將最糟糕的情況「頂多能賣五輛車」呈報給經理（冷水），等到當月業績出來後，卻讓經理大為滿意（熱水），自然大幅提高對傑克遜的評價了。

當你遇上事情不如意的時候，不妨預先將最糟糕的情況委婉地告訴別人，結果就算失敗了，也不至於毫無挽回；當你不小心傷害他人的時候，可以採取超過應有限度的方式道歉，以此展現出你的誠意和歉意；當你打算說出令人不快的話語時，可以透過提前聲明，避免引起過度反感，使他人體會到你的用心良苦。

這些做法都是運用冷熱水效應，透過提前設一兩處「伏筆」，使對方心中的預期變小。如此一來，當最後的結果超出預期時，對方的心情自然就好多了。

馬克是某化妝品銷售公司的經理，因為工作需要，他想把總店的推銷員瑪麗調去近郊區的分店工作。在找瑪麗談話時，馬克說：「公司高層決定讓妳負責一項重要的工作。現在，有兩個地方可以選擇，一是在近郊區的分公司，二是在遠郊區的分公司。」

瑪麗儘管對於必須離開熟悉的總店不滿，但幾經考量後，她還是選擇了近郊區。而她的選擇正中馬克的下懷。讓馬克不多費唇舌地達到了目的，而瑪麗則自認選擇了比較理想的工作崗位。雙方皆得到了滿意的結果，讓問題迎刃而解。

這個事例中，馬克利用冷熱水效應，設想了一個作為對比的「遠郊區」，讓瑪麗心中產生輕重對比，從而順利接受近郊區的調動工作。

由此可見，當我們想達到一個對方不太容易接受的要求時，不妨設定一個更糟糕的條件。先給對方送上一杯「冷水」，再分別送上「溫水」或「熱水」，來讓對方欣然接受那個次佳的條件。

冷熱水效應若運用得當，可以保持圓滑的人際關係，在說服或溝通談判上達到事半功倍的效果。

剛柔定律

過分執著，往往失之於偏執

所謂剛柔定律，意指「拿得起，放得下」，一個人既要懂得知難而上，也要學會適時放棄。換言之，堅定追求理想雖是成功的重要因素，但過分執著卻往往流於「偏執」。提醒我們要因時因地權衡得失，而且觸礁時接受變通。

拿破崙率軍侵俄時，在莫斯科圍城之戰中遭遇重大失利，不得不向後撤軍。途中為了輕裝前進，法軍不斷沿途丟下物資。一個農夫和一個商人相約沿著法軍撤退的路上尋找發財機會。他們運氣不錯，很快找到了一堆羊毛。二人平分後，背在肩上回家了。不料，回家的路上，他們又看到好幾匹絲綢，農夫趕緊拋開沉重的羊毛，挑選了幾匹精美的絲綢背在身上。但商人看到農夫丟棄的羊毛時，卻動起貪念，把農夫扔掉的羊毛和剩下的絲綢全背在身上，氣喘吁吁地往回走。

沒走多遠，他們又發現了許多銀質餐具，農夫同樣毫不猶豫地扔掉絲綢，挑出做工精美的銀器背在身上。而商人儘管此時重物壓身，甚至無法彎腰了，卻還是費力拾撿地上的東西。然而，天公不作美，沒走多遠，風雨大作，農夫連忙跑回家，雖後迅速變賣銀具，從此過上富足的生活；而商人身上背著的羊毛和絲綢被雨淋濕後更加沉重，結果，疲憊不堪的他一個踉蹌跌倒在泥濘之中，再也沒能起來了。

這個故事充分呈現不知變通的概念，不知適時放下的悲哀。過多的欲望會讓人痛苦不堪，要懂得該適時放手才能順遂度日。很多時候，有的選擇看似失去，但從長遠來看卻可能另一種充滿智慧的獲得。

無數事實證明，人的很多痛苦是來自不知取捨。儘管執著和偏執都算是堅持，但二者的不同之處在於，執著有意義，偏執無意義。二者之間的差別有時候並不明顯，如何拿捏其中的分寸則需要靠經驗的累積。

學會「放下」是在漫長的人生中「抓大放小」的訣竅。當一個人放下小利，捨棄虛榮，淡泊名利，輕裝上陣的時候，就能以更加成熟和放送的心態去迎接未來的挑戰。當然，在「放下」的同時還須付出加倍的努力，預期才能成為最終的現實。

面對現實生活中的成敗得失，我們如何正確地調適自己的心態，做到拿得起，放得下呢？這就要看一個人的生存智慧了。而這種智慧就是一種變通之道，有的時候，百折不撓、始終如一的態度的確是通向成功的一把金鑰匙。但是，在某些特定的情況下，這樣的態度並不意味著凡事必須勉力為之，苛求結果。要知道，在一個人的生命中，過程遠比結果重要。所以，很多事情如果負擔不了，甚至危及己身或他人時，就必須應該放下。如果當斷不斷，太過執著，作繭自縛的就會是自己。

在動物界有種蜘蛛猴，其個頭很小，差不多只有十幾公釐高，牠們生活在亞馬遜密林中最高的樹上。多年來，人們一直想捕捉牠們，卻一直苦無良策。後來，當地的一位土著想出了一個最簡單的辦法。他在小玻璃瓶裡裝一粒花生，放到樹下。當人離開後，蜘蛛猴就會從樹上爬下，把手伸進瓶裡抓花生。由於握住花生的拳頭太大，蜘蛛猴的手怎麼也拔不出瓶口，於是輕易成為人類的獵物。奇怪的是，當人把牠帶回家後，蜘蛛猴仍然會抓著瓶內的花生死不放手。

這個故事告訴我們，一個人只有懂得放下，才能掌握命運和自我。學會「放下」，正是丟棄不必要之物的技巧，為給自己的騰出更大的空間，才能面對未來更多的挑戰。

心理研究表明，那些不願意放下的人，往往是完美主義者。不論大事小事，他們都要求自己做到最好。而這份嚴苛到最後，很容易演變成不分輕重緩急，事事糾結，結果反而陷入做不好的惡性循環中，最後自我懷疑，讓沮喪和憂鬱等負面情趁虛而入。

人心的空間有限，放入的東西太多，人生就會過於沉重。而過度存入開心或不開心的事物，也容易讓心思變得雜亂無章。尤其是痛苦和不愉快的記憶更容易令人萎靡不振。所以，放下該放的事，能夠擦亮黯然的心；把事情梳理清楚，才能告別煩亂的生活；把一些無謂的痛苦扔掉，快樂就有了更多、更大的空間……。

輕裝而行，我們做事會更加伸縮有度、遊刃有餘，也就有了更多的精力和時間去把生活過得更精彩，獲得更多新的收穫和體驗。

韋奇定律

尊重內心深處的眞正選擇

韋奇定律的內容是，即便一個人再有主見，如果身邊有十個朋友的觀點正好與他相反，那麼就很難繼續堅持自己原先的觀點。

這項定律有四個要點：一、是否有主見對一個人來說非常重要；二、確定你的主見源於對客觀事實的把握，並且不等同於固執；三、面對他人的意見，聽時不應有成見，聽後不可無主見；四、不怕最初的眾說紛紜，就怕最後的莫衷一是。

簡言之，一個人要在客觀分析其他人的意見的前提下，堅持自己的主見，不要輕易放棄立場，任由外界的紛擾干擾自己的價值判斷。

人是有思想和意志的生物，他人的言論難免會摻雜其個人角度的主觀成分，倘若我們一味聽從他人的意見，不經過自己的獨立思考，就很容易隨波逐流，無法做出客觀、有利的判斷和選擇。須知，無論什麼樣的意見或決策，必定會存在反對的聲音，我們不可能讓所有人滿意。

因此，避免不受他人言語干擾的唯一方法就是——堅持自己的主見，尊重內心深處的真正選擇。而一個人要做到這點，就要恪守自己的操行，排除外界的干擾和誘惑，不為外物所役，不為名利所困，做到「一念之非即遏之，一動之妄即改之」。

一七三八年，二十七歲的洛蒙諾索夫（Mikhail Lomonosov）正在德國的馬爾堡大學留學，師從當時大名鼎鼎的沃爾夫（Christian Wolff）教授。然而，某天該校校刊《德國科學》雜誌刊登了一篇論文，點名批評了沃爾夫教授所持的學術觀點。這種學術批判本來很平常，但讓人驚異的是，那篇論文的作者竟是洛蒙諾索夫——他可是沃爾夫教授的得意門生。

這件事馬上引起一場軒然大波。人們對洛蒙諾索夫紛紛投以指責和謾罵，有人稱其為忘恩負義的小人，有人乾脆指責他是不知天高地厚的狂妄分子，還有人冷嘲熱諷地說他踩著老師的肩膀往上爬……。

面對這些批評，洛蒙諾索夫沒有畏縮，也沒有一一予以駁斥，而是以耐心、誠懇的態度向大家解釋。他認為科學研究，必須有自己的獨立見解才算是有所為會。作為一名學生，應當認真、虛心向老師討教，但若老師有不正確的觀點，決不能盲從。他由衷地說：「我愛我的老師，但我更愛真理。」

洛蒙諾索夫後來能取得研究上的成就，或許和其堅持自身主張，不受他人的影響有關。回過頭來說，為什麼人很容易受到他人的觀點或看法影響呢？心理學研究表明，人之所以容易受到他人的意見左右，源自於依賴心理。

依賴心理是一種消極的心理狀態，對一個人培養人格的完善，自主性和創造性的都會形成相當的阻礙。

這種心理有以下幾個特徵：一、在沒有得到他人明確的保證和建議時，無法對日常事務自主地做出決定；二、獨處時有深深的危機感和無助感；三、很難獨立進行計畫或工作；四、因擔心被遺棄，即便知道別人的觀點不對，也會隨聲附和；五、為討好他人放棄原則和自尊，違心去做自己不喜歡的事；六、中止與某人的親密關係時會感到徬徨不知所措。總之，不能堅持自己的主張，不管是怎樣的表現，均體現了我們心理的脆弱。

那麼，如何克服依賴心理呢？那就要運用韋奇定律，實事求是地分析自己的行為，自覺地減少依賴行為，增強獨立判斷的能力，並相信自己的判斷，增加自信心，及時調整心態。當然，最重要的是要培養獨立的人格，面對事情要堅持親力親為，哪怕事情有一定難度，也儘量不依靠他人。

我們在追求夢想的途中往往會遇到指責或懷疑，最重要的是自己必須能堅持下去，不隨波逐流，不人云亦云，以自己的觀點，深入洞察矛盾和問題的本質，做出清醒、明智的判斷。

特裡法則

承認錯誤是一個人最大的力量源泉

特裡法則源自美國田納西銀行前總經理L．特裡的一句管理名言，後發展為一種心理法則。其內容是，承認錯誤是一個人最大的力量源泉，因為正視錯誤的人將得到錯誤以外的更多東西。其核心意義就是——敢於認錯，這一行為本身就具有很大的價值。

一九五四年的年末，十二歲的傑克和平時一樣，趁上學前給附近的鄰居送報，來賺取零用錢。這天，傑克因為睡過頭，而加快腳步出門送報。最後一份報紙要送給平日相處融洽的麗莎夫人，她是一位慈祥的老客戶。傑克努力奔向麗莎夫人家，途中眼看著同學都出發前往學校，而他的好朋友湯姆還衝他喊加油，提醒他快遲到了。

這讓傑克更著急了。眼看距離麗莎夫人家還有一段距離，傑克想直接把扔進院子。但報紙太輕了，他因此從拾起一塊石頭，夾在報紙中間扔了出去。不料，包裹石頭的報紙砸碎了窗戶。當傑克聽見玻璃碎裂的聲音時，嚇得逃走了。

傑克心神不寧了一整天，一想到麗莎夫人家的玻璃就很害怕。然而，這一天過去了，麗莎夫人沒來找他，一點動靜都沒有。傑克確信沒事了，但內疚和自責卻與日俱增。第二天，他還是照舊給老夫人送報紙，她也仍然微笑著和他打招呼，而傑克卻覺得很不自在。最後，傑克暗下決定：把送報紙的錢存下來，給老夫人修理窗戶。

三週後，他把存下的七美元及一張便條放進信封，趁著夜色悄悄地放在麗莎夫人家門口的信箱。他在便條上向解釋了事情的來龍去脈，並且向老夫人道歉，希望能得到她的諒解。

第二天，當他又去給麗莎夫人送報紙時，傑克的內心十分坦然，而麗莎夫人看起來也很高興。她在傑克送完報紙要離開時，遞給他一樣東西，並且說：「這是我給你的禮物。」傑克打開一看，是一袋餅乾。於是，傑克一邊吃著餅乾一邊走向學校。餅乾吃完後，傑克發現袋子底下有一個信封，裡面裝著七美元紙鈔和一張祝福信箋。

這是一個相當溫馨的故事，說明勇於認錯對於一個人獲得內心解脫的重要性，也指出勇於認錯對建立良好人際關係的重要性，這點對任何人來說都一樣。

一九七九年十一月，在德黑蘭發生了曠日持久的「伊朗人質危機」，美國大使館被佔領，六十六名美國外交官和平民被扣留為人質。後來，營救人質的作戰計畫失敗，為此，時任美國總統卡特在電視節目中坦承了自己的錯誤，聲明「一切責任在我」這一舉動不但無損他的總統形象，還令民眾支持率上升了十%以上。

不管是總統也好，平民也罷，我們每個人都是凡夫俗子，都有自己的缺點，難免會犯一些錯誤。大多數人在犯錯誤的時候，都會急於粉飾或隱瞞，擔心認錯會很沒面子。其實，承認錯誤並非丟臉的事，反而體現了一個人的勇氣和力量，還可以讓人獲得某種程度的滿足感。因為此舉不但可以清除罪惡感和負疚感，而且有助於解決錯誤帶來的後續問題。

一個能主動認錯的人更富有責任感，也更容易被他人接受。一個勇於承認錯誤和失敗的企業也更容易獲得員工、客戶的信任和支援，爭取到重新調整策略、贏得市場信任的寶貴機會。

本章總複習

- **禁忌效應**：我們必須思考自己的定位，讓自己的行動符合角色的規範來達成特殊要求。
- **冷熱水效應**：先給對方送上一杯「冷水」，再分別送上「溫水」或「熱水」，來讓對方欣然接受那個次佳的條件。
- **剛柔定律**：放下該放的事，能夠擦亮黯然的心；把事情梳理清楚，才能告別煩亂的生活。
- **韋奇定律**：堅持自己的主見，尊重內心深處的真正選擇。
- **特理法則**：正視錯誤的人將得到錯誤以外的更多東西。

CHAPTER 11

競爭優勢效應

Competitive Advantage Effect

既然競爭不可免，就找出合作之道

與其拼得你死我活，
何不放下歧異友好合作，尋求雙贏呢？
如果雙方放下既有的成見，
就能大幅稱加合作的可能性，
不再陷入無謂的惡性競爭中。

競爭優勢效應

讓有效溝通成為競爭中的潤滑劑

心理學家做過一個經典的實驗：將參與實驗的學生隨機兩兩配對成一組，各自在紙上寫下自己想到的錢數。如果兩人預計的金額相加恰好等於或者小於一百，那麼，兩人就能得到自己寫在紙上的錢數；但假如兩人預估的錢數相加大於一百，例如一百二十，那麼兩人就要分別付給心理學家六十元。結果，幾乎沒有一組學生寫下的錢數總和小於一百。當然，他們最後都得付錢給心理學家。

由此，社會心理學家認為，競爭是人的天性，人人都希望自己比別人強，也無法容忍對手比自己強。因此，在面對利益衝突的時候，人往往會選擇相互競爭，或者相互對抗，甚至拚到兩敗俱傷也在所不惜。在雙方存在共同利益的時候，人們也往往會優先選擇競爭，而非有利於雙方的合作。這種現象因而被學者稱為競爭優勢效應（Competitive advantage effect）。

吉米的公司多年來一直經營得當，很多人向他請教其中的祕訣。於是，吉米講了一個自己童年時的故事：

小時候，吉米曾經效仿大人在院子牆角種過一株玉米。從玉米冒出嫩芽開始，他就為它澆水、施肥。儘管大人都說，單株玉米是長不高的，因為沒有別的玉米和它競爭。但吉米根本不信，依然固執地堅持種植自己的「寶貝玉米」。

一個月後，玉米稈上爬上了名為爬牆虎的藤蔓，這根爬牆虎很快長得和玉米一樣高了。又過了一個月，玉米除了長得高出吉米半個頭，甚至還開花了。大人又告訴吉米，趕緊拔掉這株玉米吧，因對單株玉米，既不能授粉，也不能結籽，最後只能當柴燒。吉米還是堅持留下了玉米。

幾天後，爬牆虎開花了，玉米彷彿穿上了火紅的裙子，甚至還招來了蜂蝶，圍著嗡嗡飛舞。秋天到了，玉米結出了四顆果實，個個籽粒飽滿，而盤繞在玉米稈上的爬牆虎也綠油油的，成了這片院落的一處動人風景。

這段經歷讓吉米明白了一個道理：爬牆虎和玉米這種看似彼此競爭的對手，實際上卻幫助了彼此。那麼，人和人之間不也一樣嗎？與其拚得你死我活，何不放下歧異友好合作，尋求雙贏呢？此後，吉米也將這份領悟應用在公司經營上，因而廣結善緣，在業界口碑極佳，不但成就了自己的事業，還和許多曾為對手的同行成了彼此扶助的朋友。

心理學家也在研究中發現：人們選擇彼此競爭的一個重要的原因就是缺乏溝通。如果雙方放下既有的成見，就利益分配問題進行妥善的商討，並達成互惠共識，就能大幅增加合作的可能性，減少陷入惡性競爭的景況中。

海格力斯效應

和諧的人際關係利他更利己

希臘神話故事中有位大力士，名叫海格力斯（Heracles）。一天，他走在坎坷不平的路上，看見地上有個像袋子的醜陋鼓起之物。海格力斯見狀便踩了那東西一腳，誰知那東西不但沒被一腳踩破，反而迅速膨脹起來，體積成倍加大。這可激怒了英雄海格力斯，他順手拿一根木棒狠砸下去，結果那東西竟然膨脹到把路堵死了。

海格力斯因為束手無策而躊躇不決之際，一位聖者走向海格力斯說道：「朋友，別打了，忘了它，放手遠去吧。這東西叫『仇恨袋』，你不惹它，它便會縮小如初；你越是打擊，它就會膨脹起來，與你敵對到底。」

根據這個神話故事，社會心理學家研究發現，在人際交往或群體中發生摩擦、誤解和恩怨是在所難免的。倘若在此過程中始終背負著仇恨和敵意，只會讓自己的生活如負重登山，最終堵死自己的路。這就是海格力斯效應的真正意義。

換言之，海格力斯效應會讓人處於永無休止的煩惱之中，錯過人生中許多美麗的風景，讓人失去真正的快樂，生命停滯不前。

舉例來說「以眼還眼，以牙還牙」「以其人之道還治其人之身」或是「你跟我過不去，我也讓你不痛快」等俗語，就充分展現了海格力斯效應的內涵。這些均證明了人際或群體間存在的冤冤相報、致使仇恨越來越深的社會心理效應。若不想陷入其中，就要提醒自己與人往來時，要保持寬容的心態，避免事事計較或封閉在過去的恩怨中難以自拔。嘗試轉換思考角度，你可以選擇忽略人際的矛盾和仇恨，讓其自然淡化或消失，如此才能營造除和諧的人際關係，也有利於個人和群體的發展。

一位名叫卡爾的賣磚商人和一位同行發生了競爭，因而陷入困境。對方會定期走訪卡爾經銷區域內的建築師和承包商，並故意對他們散布破壞卡爾信譽的壞話，說他不講誠信，銷售的磚塊品質不好……成功使卡爾的生意陷入舉步維艱的境地。儘管卡爾聲稱，對手的做法不會損害自己，但內心深處還是為此感到惱火，甚至想找人痛揍對方一頓。

卡爾的公司因為那位同行散播的謠言失去了一份二十五萬塊磚的訂單，極度鬱悶的來到了教堂，看到牧師正在向眾人講道，而佈道的主題正好是「要施恩給那些故意為難你的人」。

卡爾認真傾聽牧師的講到內容，感受以德報怨、化敵為友的道理，內心受到極大的觸動。回到公司後，卡爾在安排工作日程時，發現一位住在維吉尼亞的顧客要蓋一間辦公大樓，恰好需要一大批磚。不過，卡爾沒有對方指定的磚塊型號，但卻是競爭同行出售的產品。卡爾確定對方根本不知道有這筆生意存在。面對這種狀況，卡爾內心非常掙扎，但他想起了牧師的講道，清楚這既是對方的大好機會，亦是自己報復的絕佳機會。

猶豫再三，他最後還是拿起電話打給競爭對手，對方聽到卡爾提供的訊息後百感交集，一句話也說不出來，只在最後連聲道謝。

後來，卡爾再也沒聽到對手散布有損於公司和自己的謠言，甚至還將自己無法處理的生意介紹給卡爾。如此一來，長期纏繞卡爾內心的壓抑情緒得到了紓解。而借助以德報怨、不計較得失的人格魅力，卡爾也與對手化敵為友。

就如同海格力斯遇到的「仇恨袋」，如果你選擇忽略這種極端情感，以德報怨，放下怨念，它會自然消失；如果你與它過不去，憎恨又不肯放手，它將加倍反撲於你。與其報復對方造成兩敗俱傷的局面，不如以一顆寬容、大度的心消除自己和對方的仇恨，為自己營造良好的人際關係。

魯尼恩定律

謹言慎行，方能成爲人生贏家

魯尼恩定律的大意是，賽跑時不一定是跑得快的人贏；打架時不一定是最強壯的人贏，道理其實和「龜兔賽跑」的寓意差不多：實力強的不一定能笑到最後。這也是在告訴我們，一個人必須時時戒驕戒躁、謹言慎行，方能成為真正的贏家。

比爾太太和傑克太太兩家比鄰而居，兩家的孩子都愛畫畫。一天，比爾太太替孩子買來了一疊紙、一堆筆。然後，她指著一面牆對兒子馬克說：「你畫的每一幅畫都要貼在牆上，給所有來家裡的客人看。」

傑克太太也給孩子買來一疊紙、一捆筆和一個紙簍，卻對兒子魯比說：

「你每畫好一張畫，就扔到紙簍裡去，無論你感到滿意還是不滿意。」三年後，比爾太太的兒子馬克舉辦了畫展，人們看著一整牆的畫作，連聲讚嘆。

而傑克太太的兒子魯比，還是把一張張畫作扔進紙簍中，人們始終只能看到他手上未完成的作品。三十年過去了，人們早已對馬克的畫作失去興趣，而魯比的精彩畫作卻橫空出世，令世人震驚，受到越來越多人的喜愛。

這個故事說明了魯尼恩定律中蘊含的道理「笑到最後的才是贏家」，成功永遠只屬於刻意練習、從不言棄的人。

在現代社會中，競爭無處不在。若說競爭是一項長距離的賽跑，那麼，一時的領先無法保證最後的勝利，「陰溝裡翻船」的事例並不少見。同樣，一時的落後並不代表永遠落後。只要能客觀地檢視自己，不斷充實自身不足，你很可能會成為笑到最後的那個人。

石油大王洛克菲勒談到自己早年從事煤油業時，說道：「在我的事業漸漸有起色的時候，我每晚睡覺前都會對自己說『現在，你有了一點成就，但卻不能因此自滿，否則你就會就會跌倒。千萬不要以為你有了一點資本，便是一個大商人。你要時刻當心，持續前進，別被一時的勝利衝昏頭』我覺得與自己談話，對一生產生了很大的影響。我非常害怕自己承受不住成功和財富的衝擊，所以訓練自己不要被愚蠢、膚淺的念頭蠱惑，覺得自己很了不起和與眾不同。」

可以說，洛克菲勒能成就龐大事業，並在成為當時的美國首富，與他這種始終戒驕戒躁、克制自省的審慎心態密不可分。

很多的人一旦獲得一點成功就變得驕傲自大、目中無人，以至於從此止步不前，無法獲得更大的成就。須知，唯有始終警醒自己，不斷增強實力，一個人或一間企業才能長久立於不敗之地。一時領先於人不代表永遠領先，因為人生不是百米衝刺，而是一場漫長的馬拉松，只有堅持到達終點的人，才能取得最後的勝利。

世界著名小提琴演奏家、指揮家、作曲家梅紐因（Yehudi Menuhin）一生對音樂充滿熱情，其盛名響徹國際樂壇，他以優雅與美妙的音樂令世人陶醉。但很多人不知道的是，一個擦鞋童在梅紐因的影響之下，用自己的舉動驗證了魯尼恩定律的意義。

一九五一年，梅紐因受邀赴日本演出。到了日本後，他無意間聽說一個擦鞋童為聽他的音樂會，用盡一年收入才買了一張最便宜的門票。於是，在演出結束後，他甩下蜂擁而至的貴賓，找到了那位擦鞋童，問他有什麼想要的。這個清貧的孩子只是羞怯地說：「我什麼都不要，只想聽聽您美妙的琴聲。」梅紐因深受感動，當場為這孩子拉了一支曲子，之後還將自己心愛的小提琴贈送給了擦鞋童。

梅紐因相信，若干年以後，日本會誕生一位了不起的小提琴家。後來，當梅紐因再度訪日演出時，他想方設法找到了在一家貧民救濟院工作、曾為擦鞋童的青年。梅紐因得知，三十年來，儘管生活中充滿了苦難，但青年卻多次拒絕了以高價購琴的人。此外，他在小提琴演奏方面有了很高的造詣。

又過了十年，在一個日本音樂界組織的訪華藝術團裡，一位在日本家喻戶曉的小提琴演奏家，以當年梅紐因在日本演奏的曲目，讓在場的所有聽眾為之傾倒——他就是梅紐因大師當年遇到的那個擦鞋童。

一段三十年的堅守，成就了一位了不起的小提琴家，也給世人留下了一段音樂界的佳話，更成就了一個關於魯尼恩定律的傳奇故事——一個關於謹言慎行之人方能笑到最後，成為人生贏家的故事。＊

編按：這則故事是日本作家滝一平以事實為基礎創作的兒童文學《少年與小提琴：來自音樂之神的禮物》。

情緒定律

情緒，看不見的隱性能量

所謂情緒定律（The Laws of Emotion），主要在說人是百分之百的情緒化，即便一個人自認有多「理性」地思考問題，其實仍然多少會受到自身的情緒狀的影響——「理性思考」本身就屬於一種情緒狀態。一言以蔽之，人都是情緒化的動物，任何時候做出的決定都是情緒化的決定，甚至可以說情緒決定一切。

當你情緒高昂的時候，看什麼都順眼，做什麼都順手；而當你情緒低落的時候，則看什麼都不順眼，做什麼事都不順心。情緒，就是如此有影響力。

心理學上有一個著名的小故事，叫「法液緝凶」。

某座島上有一個未開化的部落。某天，村裡發生了一起殺人事件，為了找出兇手，村民請來了一位大師。大師仔細觀察了幾位村民提出的嫌疑人後，決定讓所有嫌疑人都喝下「法液」來驗證誰是兇手。這個「法液」含有一定毒性卻不至於致死，而大師在嫌疑人喝下之前，告訴他們清白的人喝了「法液」後不會有事，而兇手則不然。所有嫌疑人都信誓旦旦地表示，自己不是兇手並喝下了「法液」。

不久後，喝了「法液」的嫌疑人大多安然無恙，唯有其中一人——也就是真正的兇手，整天擔驚受怕，覺得自己難以逃脫罪責而絕望不已，沒過多久就死了。這就是情緒的巨大影響力——清白的人堅信「法液」不會傷害自己，情緒安定，自然也就安然無恙；反觀兇手因為心存恐懼，覺得「法液」會傷害自己而陷入終日絕望，身體因此有所反應，終至走向死亡。

日常生活中，常常會發生這種現象：同一件事情若以不同的情看待，便會產生不同的結果。一九〇九年的諾貝爾化學獎得主、德國化學家奧斯特瓦爾德（Wilhelm Ostwald）就有過這樣的經歷，他因為自身情緒化，差點讓另一名有為的化學家貝吉烏斯（Friedrich Bergius）錯過獲得諾貝爾的機會。

奧斯特瓦爾德成名之後，經常有人慕名寄送稿件給他，期盼得到他的指導和幫助。有一天，他因為牙痛而心情不佳。他在辦公桌上發現一位不知名的青年寄來的論文稿件。他暴躁地拿起稿件粗略看了一下，感覺滿紙怪論，讀起來簡直是在浪費自己的時間，於是順手丟進了紙簍。

過了幾天，奧斯特瓦爾德的牙痛好了，心情也愉快許多，那篇論文中的一些論點再度浮現於腦海中。他急忙從紙簍翻找出那篇論文，認真研讀之後覺得極富科學價值，馬上給科學雜誌寫了一封推薦信。

不久，當這篇論文發表後，一下子轟動了學術界，而論文的作者貝吉烏斯甚至因此獲得了一九三一年的諾貝爾化學獎。回想一下，如果奧斯特瓦爾德的情緒沒能及時好轉，而且好轉後又忘了那篇論文，想必會讓亟待專家肯定的貝吉烏斯多受一次挫折，而奧斯特瓦爾德也將錯失發現千里馬的機會。

但凡活著一定遇到無數的事情，從中產生各種情緒，這些情緒或者出於對立、互相交雜影響，而形成一個複雜的情緒系統。如果想好好面對每一件事情，我們就有必要學會改善不良情緒。

當你感到心情低落時，可以藉由避免不停比較、不對過去念念不忘，甚而隔絕相關的刺激來源，把注意力轉移到能平撫心境或振奮精神的事情上來解決。「人不僅僅是消極情緒的放大鏡，而且也是積極情緒的製造者」，面對同一現實或情境，從單一角度來看問題，可能引起消極的情緒體驗；而換另一個角度來看問題，就可能發現其中的積極意義，成功化消極為積極。

正如詩人雪萊的著名詩句「冬天已經來了，春天還會遠嗎？」學換轉換看問題的角度，足以幫助你化解縈繞心頭的陰霾。

本章總複習

- **競爭優勢效應**：即使雙方存在共同利益的時候，人也往往會優先選擇競爭，而非能「共贏」的選項。
- **海格力斯效應**：如果你與它過不去，加恨於它，始終放不開它，它就會加倍地報復你。
- **魯尼恩定律**：笑到最後的才是贏家。
- **情緒定律**：人都是情緒化的動物，任何時候做出的決定都是情緒化的決定，甚至可以說情緒決定一切。

國家圖書館出版品預行編目 (CIP) 資料

蝴蝶效應：知微見著，影響我們生活的，往往是從小事開始 / 志晶著 . -- 初版 . --
新北市 : 幸福文化出版社出版 : 遠足文化事業股份有限公司發行 , 2022.05
面； 公分 . -- (富能量 ; 29)
ISBN 978-626-7046-04-3(平裝)
1. 成功法

177.2 110016089

富能量 Rich 029

蝴蝶效應

知微見著，影響我們生活的，往往是從小事開始

作　　者：志晶
責任編輯：高佩琳、林麗文
封面設計：Bianco_Tsai
內頁排版：黃馨慧

總 編 輯：林麗文
主　　編：林宥彤、高佩琳、賴秉薇、蕭歆儀
執行編輯：林靜莉
行銷總監：祝子慧
行銷經理：林彥伶

出　　版：幸福文化出版社
地　　址：231 新北市新店區民權路 108-1 號 8 樓
粉 絲 團：https://www.facebook.com/happinessbookrep/
電　　話：（02）2218-1417　傳真：（02）2218-8057
發　　行：遠足文化事業股份有限公司（讀書共和國出版集團）
地　　址：231 新北市新店區民權路 108-2 號 9 樓
電　　話：（02）2218-1417　傳真：（02）2218-1142
電　　郵：service@bookrep.com.tw
郵撥帳號：19504465
客服電話：0800-221-029
網　　址：www.bookrep.com.tw

法律顧問：華洋法律事務所 蘇文生律師
印　　製：呈靖彩藝有限公司

初版一刷：西元 2022 年 05 月
初版24刷：西元 2024 年 07 月
定　　價：新台幣 400 元

I S B N：9786267046043（平裝）
I S B N：9786267046074（EPUB）
I S B N：9786267046067（PDF）